跨文化背景下的
高校英语专业翻译教学研究

张 静 ◎ 著

吉林出版集团股份有限公司

图书在版编目（CIP）数据

跨文化背景下的高校英语专业翻译教学研究 / 张静著. — 长春：吉林出版集团股份有限公司，2024.3
ISBN 978-7-5731-4682-3

Ⅰ．①跨… Ⅱ．①张… Ⅲ．①英语—翻译—教学研究—高等学校 Ⅳ．①H315.9

中国国家版本馆CIP数据核字（2024）第058315号

跨文化背景下的高校英语专业翻译教学研究

KUAWENHUA BEIJINGXIA DE GAOXIAO YINGYU ZHUANYE FANYI JIAOXUE YANJIU

著　　者	张　静
责任编辑	滕　林
封面设计	林　吉
开　　本	710mm×1000mm　　1/16
字　　数	220千
印　　张	14.75
版　　次	2024年3月第1版
印　　次	2024年3月第1次印刷
出版发行	吉林出版集团股份有限公司
电　　话	总编办：010-63109269
	发行部：010-63109269
印　　刷	廊坊市广阳区九洲印刷厂

ISBN 978-7-5731-4682-3　　　　　　　　　　定价：78.00元

版权所有　　侵权必究

前　言

随着社会的进步和发展，人与人之间的交往日益频繁，跨语种、跨国界、跨文化的交往也随之增多。语言翻译越来越受到重视，英语作为世界通用语言之一，掌握专业的英语翻译方法成为高校英语专业学生的必备技能。

作为一种文化载体，语言有着突出的文化属性。如英语和汉语中存在的谚语、成语、俗语等特色表达，就突出反映了不同语言的历史传统性、民族性和文化特性。各民族所使用的不同语言映射着各民族人们不同的价值观和生活习俗。因此，不同国家的人之间的沟通，不仅仅是语言的沟通，更是不同文化之间的沟通。正是因为语言的这种特殊性，我们在进行英语翻译时要充分考虑语言中所蕴含的文化因素，站在跨文化的角度对英语翻译进行分析和应用。

本书将从多个层面对当代高校英语翻译教学进行理论分析，并着重从跨文化角度对英语专业翻译教学实践进行阐述，以促进英语翻译教学的研究和发展。

张　静

2023 年 8 月

目　录

第一章　翻译与文化的相关分析 ………………………………………… 1

第一节　语言与文化的关系 ……………………………………………… 1
第二节　译者应具备的素质及能力 ……………………………………… 13
第三节　文化与翻译的关系 ……………………………………………… 25
第四节　文化差异对翻译的影响 ………………………………………… 37
第五节　生态翻译理论与文化维度 ……………………………………… 44

第二章　英语翻译的基本知识 …………………………………………… 53

第一节　英语翻译的概念与分类 ………………………………………… 53
第二节　英语翻译的标准与方法 ………………………………………… 54
第三节　英语翻译的准备与过程 ………………………………………… 59
第四节　翻译技巧 ………………………………………………………… 63
第五节　英汉翻译中的文化对比概述 …………………………………… 98

第三章　英语翻译教学的现状与策略 …………………………………… 118

第一节　英语翻译教学的现状 …………………………………………… 118
第二节　影响英语翻译教学的因素 ……………………………………… 126

第四章 基于文化视角的高校英语翻译教学研究 …… 133

第一节 文化翻译的内涵及翻译教学文化转向的原因 …… 133
第二节 文化差异背景下常见的翻译问题 …… 140
第三节 中西文化对比背景下翻译教学具体分析 …… 148
第四节 翻译教学中学生跨文化意识的培养 …… 151

第五章 高校英语翻译教学模式探索 …… 162

第一节 国内外高校英语翻译教学模式概述 …… 162
第二节 翻译教学中应注意的环节与实践应用 …… 176
第三节 英语翻译教学中的文化差异研究 …… 194
第四节 英语翻译教学模式的创新探索 …… 199

第六章 英语专业翻译教学的创新 …… 209

第一节 英语翻译教学方式的改进与转变 …… 209
第二节 英语翻译教学中导入跨文化因素 …… 220
第三节 跨文化背景下英语专业翻译教学的发展策略 …… 224

参考文献 …… 227

第一章　翻译与文化的相关分析

翻译从表面上看是一种语言文字的转换，实际上是一种文化的重现和传播。对于那些具有文化内涵的语言、现象，要做到等值翻译是极为不易的。这是因为不同文化之间的差异往往为译者制造了一条难以逾越的鸿沟。要想跨过这条鸿沟，译者首先必须认清语言、文化、翻译三者之间的关系，了解文化差异对翻译的影响，这样才能做好文化翻译工作。本章将探讨语言与文化的关系、文化与翻译的关系及文化差异对翻译的影响。

第一节　语言与文化的关系

一、关于语言

（一）语言的定义

1. 外国学者的观点

现代语言学之父费尔迪南·德·索绪尔认为："语言是一种自足的结

构系统，同时又是一种分类的原则。"①

美国语言学家艾弗拉姆·诺姆·乔姆斯基认为："语言是一组有限或无限的句子的集合，其中每一个句子的长度都有限，并且由一组有限的成分构成。"②

除上述两种观点外，《韦氏新世界词典》也列出了"语言"最常见的几种释义。

（1）"Any means of expressing or communicating such as gestures, signs, or animal sounds"（任何表达或交流的手段，如手势、信号、动物的声音）。

（2）"A special set of symbols, letters, numerals, rules etc. Used for the transmission of information, as in a computer"（一套由符号、字母、数字、规则等组合成的特殊体系，用来传递信息，类似计算机中的信息传递）。

（3）"human speech"（人类言语）。

（4）"the ability to communicate by this means"（通过言语进行交际的能力）。

（5）"A system of vocal sounds and combinations of such sounds to which meaning is attributed, used for the expression or communication of thoughts and feelings"（一套语音和语义组合系统，用来表达、交流思想和情感）。

---

① 费尔迪南·德·索绪尔.普通语言学教程［M］.张绍杰，译.长沙：湖南教育出版社，2001.
② 诺姆·乔姆斯基.论自然与语言[M].北京：北京大学出版社，2004.

(6)"the written representation of such a system"（该系统的书面表达）。①

2. 中国学者的观点

国学大师赵元任认为："语言是人跟人互通信息，用发音器官发出来的、成系统的行为方式。"②

中国当代著名语言学家张世禄认为："语言是用声音来表达思想的。语言有两方面，思想是它的内容，声音是它的外形；人类之所以需要语言，是因为有了思想，不能不把它表达出来。"③

综合上述观点，可以看出，语言实际上是人类为了交际和表达思想而产生的，由词汇和语法构成的重要的符号系统。简单地说，语言其实就是人类交际的一种工具。我们说语言带有工具性质，是因为不论是口头的还是书面的交际，其发生都具有目的性。语言具有交际功能，只有在语言使用者熟悉人类社会交际互动规则的情况下，语言的交际功能才能得到很好的发挥。由此可见，语言、社会和文化是不可分割的一个整体。

（二）语言的属性

1. 系统性

语言的系统性主要体现在两个方面，即二层性和逻辑关系。

（1）二层性

语言单位是由语音单位、词汇单位和句法单位构成，这些单位之间

---

① 道格拉斯.韦氏新世界双语格言词典［M］.索金梅，王治江，译.沈阳：辽宁教育出版社，2004.
② 赵元任.语言问题［M］.北京：商务印书馆，2000.
③ 张世禄.语言学原理［M］.台湾：台湾商务印书馆，1970.

存在层级性，据此可以将这些单位分为底层结构和上层结构。语言的底层结构是音位，没有任何意义；语言的上层结构是音义结合的符号及符号组成的序列，故上层结构有明确的含义。其中，上层结构主要分为三个等级，第一级是语素，第二级是词，第三级是句子。语言的层级体系通常被称为"语言的二层性"。

语言单位的数量会随着层级数目的增加而成倍扩大。例如，最底层的音位系统是由无意义的语音组成的，即音节（如前缀和后缀）。这些数量有限的音节组合起来，并与意义相联系，便构成了数量翻倍的语素。语素互相结合又构成了成千上万的词。词互相组合起来便形成了无限的句子。

（2）逻辑关系

语言的逻辑关系是指语言单位结合在一起时构成的组合关系和聚合关系。

①组合关系是指两个具有相同性质或等级的结构单位按照线性的顺序组合起来的关系。这种关系往往是固有的、已经实现了的关系。例如，"read the letter"是由"read""the"和"letter"三个语言单位组成的。其中，"read"是动词，"the"是定冠词，修饰限定后面的宾语"letter"，于是"read the letter"就构成了动宾关系。

②聚合关系是指具有相同组合能力的语言单位可以在语言的组合机构的同一位置上互相替换的关系。例如，"red pen"中的"red"可以用"yellow""black"等词语替换，构成新的词组。这就是语言单位之间的聚合关系。

2. 创造性

语言的创造性来源于语言的二层性和递归性。如前所述，语言的二层性可以使语言单位创造出无限多的句子，即使很多句子人们从未听过，也能够理解。句子的这种可创造性，在下面这个例子中体现得极为明显。

English is an interesting subject.

I know English is an interesting subject.

You know I know English is an interesting subject.

Mary knows that you know I know English is an interesting subject.

Is it true that Mary knows that you know I know English is an interesting subject？

……

3. 任意性

语言的任意性是指语言符号形式与其所代表的含义之间并无必然联系。索绪尔认为："A linguistic sign is not a link between a thing and a name, but between a concept and a sound pattern, or the hearer's psychological impression of a sound."①（语言符号并非一个事物与其名称的连接，而是一个概念与一种声音形式，或听话人对一种声音的心理印象的连接。）换言之，语言符号是由"概念"和"发音"两个要素结合而成的，而"概念"和"发音"之间是没有任何逻辑联系的，正如我们无法解释为什么"桌子"（table）要读作［'teɪbl］。

---

① 费尔迪南·德·索绪尔. 普通语言学教程［M］. 高名凯，译. 北京：商务印书馆，1980.

语言的任意性还体现在同一事物在不同的语言中对应不同的表达上。例如，汉语中的"桌子"在英语中是"table"，在法语中是"bureaux"，在德语中是"tische"。

当然，也有人以拟声词为例对语言的任意性提出过反对意见。对此，索绪尔认为："拟声词不能算是构成语言系统的有机成分，它们不仅数量十分有限，而且在选择上也具有一定的任意性，它们只是对某种声音的模仿，这种模仿或多或少是约定俗成的。"①

4. 移位性

语言的移位性是指语言使用者可以用语言谈论与自己所处的时间、空间不同的事物。例如，我们在家里可以谈论其他国家发生的事情，也可以谈论历史上的著名人物、事件，还可以谈论明天的天气状况。虽然这些国家、人物、事件离我们很遥远，未来的事情更是不可知的，但语言可以表达这些事物，这就是语言的移位性。

需要指出的是，动物虽然也有其自身沟通交流的方式，但不可能抛开时间和空间的限制去交流，因此动物的"语言"不具有移位性。

二、关于文化

（一）文化的定义

"culture"一词来源于拉丁文"cultura"，原意是"耕作、培养、教育"，其基本含义包括两个方面：在物质活动方面意味着耕作，而在精神修养

---

① 费尔迪南·德·索绪尔. 普通语言学教程［M］. 高名凯, 译. 北京：商务印书馆, 1980.

方面的含义则涉及宗教崇拜。随着社会及近代科学的不断发展，尤其是文艺复兴、地理大发现和宗教改革的推动，人们对形形色色文化的区分，以及对文化内涵和外延的研究产生了浓厚的兴趣，并赋予了"文化"新的内涵，使文化成为人们专门探讨的一门学问。

关于文化的定义，中外学者有着各自不同的看法。下面列出一些具有代表性的观点，以供参考。

1. 外国学者的观点

英国文化人类学家爱德华·伯内特·泰勒在《原始文化》（*Primitive Culture*）一书中首次将文化作为一个概念提出来，指出"文化是一种复杂体，它包括知识、信仰、艺术、道德、法律、风俗，和任何人作为一名社会成员而获得的能力和习惯在内的复杂整体"[①]。

英国社会人类学家马林诺夫斯基则认为，文化是一种具有满足人类某种生存需要的功能的"社会制度"，是"一群利用物质工具而固定生活于某一环境中的人们所推行的一套有组织的风俗与活动的体系"[②]。

以上两种观点得到了人们的广泛推崇。但除此以外，也有不少学者提出了较为全面、合理的观点。

美国学者戴维·波普诺就曾对文化下了一个比较全面的定义。他认为文化应由三个因素构成：一是符号意义和价值观——这些都用来解释现实和确定好坏、正误。二是规范准则——对在一个特定的社会中人们怎样思维、感觉和行动的解释。三是物质文化——实际的和人造的物体，

---

① 轻引自程裕祯. 中国文化要略[M]. 北京：外语教学与研究出版社，2011.
② 马林诺夫斯基. 文化论[M]. 费孝通，译. 北京：中国民间文艺出版社，1987.

它反映了非物质的文化意义。①

2. 中国学者的观点

"文化"一词在中国古已有之。"文"的本义指各色交错的纹理,有纹饰、文章之义。《说文解字》称:"文,错画也,象交文。"② 在这里,"文"就是指各种象征符号,以及文物典章、礼仪制度等。而"化"本义是变易、生成、造化,如《周易·系辞下》中的"万物化生"。"化"也可引申为改造、教化、培育等。

西汉以后,"文"与"化"合并为一个词语。西汉刘向在《说苑·指武》中写道:"圣人之治天下也,先文德而后武力。凡武之兴为不服也。文化不改,然后加诛。"③ 此句中的"文"和"诛"是两种根本不同的治理社会的手段。这段话的意思是圣人治理天下,先施以文德教化,如不奏效,再施加武力,即先礼后兵。此后,"文化"一词的用法延至后世,并进一步引申出多种含义,分别与天造地设的"自然"相对,或者与无教化的"质朴""野蛮"相对,取其人伦、人文之义。

《辞海》对文化的定义:"广义指人类在社会实践过程中所获得的物质、精神的生产能力和创造的物质、精神财富的总和。狭义指精神生产能力和精神产品,包括一切社会意识形式:自然科学、技术科学、社会意识形态。有时又专指教育、科学、文学、艺术、卫生、体育等方面的知识与设施。"④

---

① 戴维·波普诺.社会学[M].刘云德,王戈,译.沈阳:辽宁人民出版社,1987.
② 许慎.说文解字[M].北京:中国书店,2017.
③ 刘向.说苑[M].卢元骏,注释.天津:天津古籍出版社,1977.
④ 夏征农,陈至立.辞海[M].上海:上海辞书出版社,2009.

综合上述观点可以看出，文化是历史的结晶，是通过积累逐渐形成的，是人类在社会实践中创造出来的精神和物质财富。我们从中还可以了解到，文化的定义有广义与狭义之分，广义文化包括精神文化和物质文化，而狭义文化仅指精神文化。

（二）文化的特征

1. 共同性

文化是人类认识自然、改造社会的实践活动在物质、精神方面取得的成果的总和。文化是全人类共同创造的，又为全人类所享有和继承，因而文化具有人类共同性。物质文化以物质实体反映了人对自然界的认识和利用，因而具有非常明显的人类共同性。在不同社会环境中形成的制度文化、行为文化、心态文化，彼此之间也具有可借鉴性：科学技术发明、科技产品及先进的管理方式等已经成为全人类共有的文化；具有永恒生命力的文学艺术作品会受到东西方人们的普遍欢迎和喜爱，如英国莎士比亚的作品、我国曹雪芹的《红楼梦》等文学艺术作品受到古今中外读者的喜爱。

2. 传承性

文化要想存在和延续下去，前提是文化的相关要素和信息具有传承性和继承性。文化之所以具有传承性，是因为文化具有可传承的内在需求和价值。无论是知识文化还是交际文化，无论是物质文化还是精神文化，都是某一民族的思想的结晶和经验的总结，对后人有着巨大的意义，是人们宝贵的精神财富。正因为文化的这种重要性，才使文化具有传承的可能性。

3. 时代性

不同的时代有着不同的文化，这是因为任何文化都是在历史发展演变的过程中产生的。原始人驯养动物、种植植物、创造文字，创造了原始文化；蒸汽机的发明、工业革命的完成，促使人类进入近代文化历史阶段，催生了资本主义文化。文化的依次演进实际上是一个"扬弃"的过程，也就是说，文化的不断发展实际上是对既有文化进行批判、继承和改造的过程。在某些历史时期算得上先进的文化，在后来的历史时期可能就失去了先进性，成为落伍、落后的文化，并且被更为先进的文化取代。

4. 变化性

随着时间的推移，社会不断发生变化，与之紧密相连的文化不可避免地受其影响，也会随之发生变化。虽然文化在不断发展，但文化的某些方面，如行为方式、思维模式、价值取向等，还是相对稳定、不易改变的。例如，有学者曾对美国的价值观进行过一次调查研究，结果表明，美国20世纪90年代的大多数文化价值观与两百多年前相比并没有发生太大变化。

正如美国学者利奈尔·戴维斯曾指出的那样，所有文化都是动态的，而非静止的。[①] 它们在社会历史事件的冲击之下，通过与其他文化的接触交往而不断地变动着、进化着。行为举止与社会习俗的变化可能发生得较为快速，而基本模式与价值观、世界观及意义系统方面的变化往往发生得较为

[①] 转引自黄净.跨文化交际与翻译技能[M].天津：天津大学出版社，2019.

缓慢。

5. 民族性

斯大林指出："民族是人们在历史上形成的有共同语言、共同地域、共同经济生活以及表现于共同的民族文化特点上的共同心理素质这四个基本特征的稳定的共同体。"① 可见，虽然文化的共同性决定了某些文化能够为全人类所有，不过文化首先是民族的，其次才是人类的。实际上，针对文化的产生与存在而言，文化原本都是民族的。民族是一种社会共同体，因此越是古老的社会，文化所具有的民族性就越鲜明。每个民族都有能够体现本民族特色的文化，如蒙古族人善骑马射箭、维吾尔族人能歌善舞等。

三、语言与文化

长期以来，学术界对语言与文化的关系一直争论不休。这是因为语言与文化之间的关系十分复杂，忽略任何一方面都会导致我们的看法不全面、不客观。因此，必须多角度、多方面辩证地去看待两者之间的关系。

关于语言与文化的关系，许多学者都曾提出过自己的看法和观点，其中以美国语言学家爱德华·萨丕尔及其弟子本杰明·李·沃尔夫提出的"萨丕尔—沃尔夫假说"最为著名。这一假说的中心思想是语言决定思维，大意是说不同语言的人对世界的感受和想法也不相同。因此，不同的语言结构决定了不同的世界观、不同的思维方式。该假说一经提出就引起了学术界的巨大争议，有的学者支持这一假说，有的学者则认为

---

① 斯大林.斯大林全集［M］.中共中央编译局，译.北京：人民出版社，1953.

该假说过于绝对,认为语言对思维的影响只是相对的,而非绝对的。

今天,随着人们对语言学研究的不断深入,几乎没有人绝对赞同"语言决定思维方式"的观点,但也不能全盘否定该假说的正确性。因此,部分承认该假说的正确性才是合理的态度。

虽然对于语言和文化的关系众说纷纭,但可以肯定的是,语言和文化是密不可分的。语言是社会文化的一部分,是一种社会文化现象,同时社会文化的发展又对语言起到制约作用。正如萨丕尔曾指出的那样:"语言的背后是有东西的,而且语言不能离开文化而存在。"[①]可见,语言和文化是不可分割的一个整体。

另外,文化包括物质文化和精神文化。物质文化中语言的作用并不明显,但语言对于精神文化的建设至关重要。精神文化需要语言来表现,需要语言来记载,因而语言是精神文化得以产生和发展的必要前提之一。因此,我们可以说,语言本身便是文化的一个特殊组成部分。

换个角度来说,文化的发展也离不开语言,任何文化的传承和记载都是依靠语言来实现的,不同文化之间的交流和沟通也是通过语言这一手段进行的,可以说语言是文化发展的必要前提。同时,文化的发展对语言具有促进和制约作用。语言的发展需要文化的推动。社会文化的进步可以带动语言的进步。语言体系的完善和丰富,归根结底来源于文化的不断发展。

---

① 爱德华·萨丕尔.语言论[M].北京:商务印书馆,1985.

第二节　译者应具备的素质及能力

作为一位翻译者，应具备什么样的素质及能力呢？*Cambridge Encyclopedia of Language*（《剑桥语言百科全书》）对译者须具备的条件是这样要求的："It is sometimes said that there is no task more complex than translation-a claim that can be readily believed when all the variables involved are taken into account.Translators not only need to know their source language well; they must also have a thorough understanding of the field of knowledge covered by the source text, and of any social, cultural, or emotional connotations that need to be specified in the target language if the intended effect is to be conveyed.The same special awareness needs to be present for the target language, so that points of special phrasing, local（eg.regional）expectations, and so on, can all be taken into account."（常言道，没有什么比翻译更复杂的了——因为你需要将所涉及的每一个变量都考虑在内。译者不仅需要熟练地掌握源语语言，还必须对源语言所涵盖的每一个知识领域有所掌握。要想达到预期的翻译效果，译者需要将社会的、文化的，以及情感的内涵恰当地呈现在目标语言中。尤其要注意的是，翻译中要有强烈的目标语意识，只有这样才能将特殊表达、本地化风俗等都考虑在内。）① 西奥多·H. 萨瓦里在他的 *The Art*

---

① 大卫·克里斯托. 剑桥语言百科全书[M].马壮寰，王克非，译. 北京：外语教学与研究出版社，2002.

of Translation（《翻译艺术》）一书中曾提到：一个良好的翻译工作者应具有的条件有三：①对原文的理解力（linguistic knowledge）。②对本国文字的操纵力（literary capacity）。③同情心（sympathy）、直觉（intuition）、勤勉（diligence）和责任感（conscientiousness）。①

美国语言家尤金·A.奈达在《语言文化与翻译》一书中写道："It is always assumed that translators are at least bilingual, but this is really not enough. To be a fully competent translator, one also needs to be bicultural in order to 'read between the lines'."（人们普遍认为，译者至少应会说两种语言，但这还远远不够。要想成为一名优秀的译者，还需要拥有跨文化能力，这样才能了解语言的"言外之意"。）② 这里，奈达特别强调译者的双语言能力和双文化能力的重要性。奈达总结出译者首要的也是起码的条件：①必须熟悉源语。②必须精通译语。③必须充分了解所译题材。④必须具备"移情"本领，即能体会原作者的意图。⑤必须具备语言表达的才华和丰富的文学想象力。

英国的纽马克在 *A textbook of Translation*（《翻译教程》）一书中也提出了译者应具备的基本素质与能力：①在本国语方面，要能掌握丰富的词汇和各种各样的句型，能写优雅、活泼、简练的文章。②精通外语，能分辨常见的说法和原著立意创新之处。③能顺利地把从原著得到的意义用本国语表达出来。③

---
① 吴涛.浅谈西奥多·萨瓦里的翻译理论［J］.名作欣赏，2012（24）：143-144.
② 尤金·A.奈达.语言文化与翻译［M］.严久生，译.呼和浩特：内蒙古大学出版社，1998.
③ 林语堂.翻译纵横谈［M］.香港：辰冲图书公司，1969.

林语堂认为翻译所依赖的是：①译者对于原文文字及内容上透彻的了解。②译者有相当的国文程度，能写出顺畅的中文。③译事上的训练，译者对于翻译标准及手术（技术）的问题有正当的见解。①

我国著名学者吕叔湘对译者也提出了一定的要求。他认为，"一名合格的译者至少要具备四点基本素质才能进行翻译工在，一是能正确理解原文，对外语的掌握达到一定程度；二是要能熟练自如地运用译入语；三就是翻译人员应该具备综合的学科知识；四是翻译工作者要懂得随机应变。"②吕叔湘称之为"杂学"，并认为这种"杂学"是最费力也最需要时间来掌握的，要解决这些问题，当然得多查书和多问人。但是最重要的还是个人自己竭力提高自身素养，有空闲就做一点杂览的功夫，日积月累，自然会有点作用。

对于文化上的差异，吕叔湘认为翻译工作者要懂得随机应变。不同语言社区有不同的语言使用规范，对事物的理解也千差万别，不能苛求译者"翻译一切文章都像翻译化学元素一样"完全匹配，但译者要"想办法把这些同同异异逐一配上对"。

综合以上各翻译名家对译者提出的要求，一名合格的译者至少要具备以下五方面的素质与能力。

一、扎实的语言基本功

译者应有较强的双语言能力，不仅要有较好的英语水平，还要有上

---

① 闫芳芳.翻译家吕叔湘研究［D］.山西大学，2014.
② 方有林.吕叔湘.北京：语文出版社，2021.

乘的中文功底。厚实的英语功底是翻译工作者必备的首要条件。英语水平越高，对原文的理解就越透彻。译者必须具备全面的英语语法知识，掌握大量的英语词汇及习惯表达。否则，翻译时对原文要么无法理解，要么一知半解，这样的译文质量是不能保证的。

例1：A book may be compared to your neighbor: if it be good, it cannot last too long; if bad, you cannot get rid of it too early.

原译：一本书好比你的邻居：如果它是好书，读起来不会用很长时间；如果不是好书，你不会很快摆脱它。

分析：原文看似简单，但如果没有较好的英语水平，就很容易将原句的意思理解错。

原文中的句型"can't...too..."表示"再……也不为过；越……越好"的意思。

改译：书就好比你的邻居，如果是好书，相伴越久越好；如果是坏书，越早丢弃越好。

例2：Research teams have conducted studies that show beyond all reasonable doubt that tobacco smoking is associated with a shortened life expectancy.

原译：研究组进行的研究超出了所有合理的怀疑，表明吸食烟草与人的预期寿命的缩短有关。

分析：原译文文理不通，让人不知所云，而且对原文的一些表达也理解错了。

改译：研究组进行的研究毋庸置疑地表明吸烟会缩短人的预期寿命。

例 3：Cooper was illustrating a distinctly American trait, future-mindedness: the ability to see the present from the vantage point of the future; the freedom to feel unencumbered by the past and more emotionally attached to things to come.

分析：此句无论是在对词汇意义的确定，还是在句法分析和对主题的理解方面都有较大的难度，没有较高英语水平的人是很难把握好的。

译文：库柏在这里揭示了一种美国人独有的特征——超前意识——他们能够站在未来的高度来看现在的一切，能够摆脱过去的束缚而更加亲近未来。

汉语的表达能力强弱同样也直接关系到翻译质量的高低。有些译者认为汉语是自己的母语，在表达方面肯定是没问题的，其实不然。很多译者发现有时在读完原文后觉得理解并没有什么问题，也知道原文想要表达的真正含义，但绞尽脑汁就是想不出恰当的中文来，尤其在翻译颇具文采的文章时，更是觉得自己的中文词汇不够用。因此，译者一定要努力加强自己的母语修养，这样在翻译时才能得心应手。

例 4：You shall see sweet silent rhetoric and dumb eloquence speaking in her eyes.

译文：双目含情，悄无言而工辞令，暗无声而具辩才。（钱锺书译）

具有一定英语基础的人都理解这句话的意思，但是要译得具有文采，就要求译者具备扎实的中文功底，尤其是高超的中文写作水平。

例 5：As we topped the hill, the clouds lifted and the harbour looked most beautiful in its semicircle of hills and half-lights.The color of a pale pearl grey and of a fairy texture.Quite indescribable and unpaintable, the air crisp and fresh.This Arctic scenery has a beauty which is the exact antithesis of the Christmas card of tradition.Soft, melting halftones. Nothing brittle or garish.

原译：当我们上到山顶时，云升上去了，海港在半圆形的小山中和半明半暗中，看起来最美。苍白珍珠灰的颜色和仙境般的特征，是非常难以形容和描绘的。空气是清新和爽快的。北极地区的风景有一种美丽，那与传统圣诞节卡片恰成对照。它们柔和而动人得像照相铜版，没有什么易碎的或太花哨的东西。

分析：原译虽然将意思翻译了出来，但译文句子拘泥于原文形式，不敢越出原文一步；而且由于译者的中文功底较差，译文缺乏文采，读起来没有什么美感。

改译：我们到了山顶，云消雾散，只见海港在围成半圆形的小山丛中，朦朦胧胧，煞是好看。这一带充满着珍珠似的银灰色，宛如仙境，无法形容，也无法描绘。空气清新宜人。这北极地区景色之美，同传统的圣诞节卡片恰成对照，它浓淡交融，光影柔和，清雅绝俗。

同时也要注意，有的译者觉得自己的中文功底很好，在翻译时喜欢炫耀文笔，发挥过度，以至于译文的内容与原文相去甚远。比如说，有人把"No difficulty, no fun."译成"不经严寒冰雪苦，哪来梅花放清香"。该译文虽然很有文采，但内容却不忠实于原文。其实，这个句子译成"没有困难，就没有快乐"，或者"若无难度，则无乐趣"就很贴切了。

二、具有丰富的文化背景知识

译者应有较强的双文化能力，应熟悉中国及英语国家的有关政治、经济、历史、文学、地理、风土人情、宗教等方面的背景知识。翻译是两种文化之间的交流，美国当代翻译理论家奈达曾指出："For truly successful translation, biculturalism is even more important than bilingualism, since words only have meanings in terms of the cultures in which they function."（对于真正成功的翻译而言，熟悉两种文化甚至比掌握两门语言更为重要，因为词语只有在其作用的文化背景中才有意义。）[①] 从某种意义上说，译者广博的知识面和丰厚的文化底蕴在很大程度上决定着翻译质量。因此，译者要充分考虑目的语文化和源语文化对翻译的影响和作用，恰当地处理好两种文化的转换。只有了解和熟悉中英两种文化的异同，才能更准确地理解原作，准确地表达原作的内容。

例6：We have a problem in our six o'clock newscast.We have sound bites of four candidates and we better squeeze in all four.It means we'll have to cut some other story out of the show.

分析：如果缺乏相关的背景知识，译者对于某些具备特定含义的词语翻译会觉得困难重重。许多人就把原文中的"sound bites"误译成"音频时间""声音节拍"等。其实"sound bite"指的就是"插入电视新闻节目当中的一个和选举有关的录像片段"。

译文：我们六点钟的新闻节目有个问题。我们有四个候选人的片段，

---

① 尤金·A.奈达.语言文化与翻译［M］.严久生，译.呼和浩特：内蒙古大学出版社，1998.

最好把四个片段都挤进去。不过，这就意味着我们得减少一些其他内容。

例7：They gave me the title of Sales Manager, but I was really a sort of man Friday to the director of the company.

分析：如果不了解原文中"man Friday"的背景知识，很容易将其误译为"星期五男人"。"man Friday"源自英国作家笛福的小说《鲁滨逊漂流记》，小说中的主人公有一位忠实仆人叫"Friday"。因此，"man Friday"在英语中指"得力助手"或"忠仆"。

译文：他们给了我销售经理的头衔，但我实在是给公司领导当忠实助手的材料。

三、了解原文所涉及的专业知识或相关题材

俗话说："隔行如隔山。"如果译者对所译资料的专业知识知之甚少或一无所知，译文就有可能出现贻笑大方的错误。因此，译者除了提高自身的外语水平外，还要有意识地了解一些专业的基本知识。尤其是在拿到某一文本翻译时，要先看看该文本涉及什么方面，如果自己对此专业不熟悉的话，一定要通过各种渠道查找资料，对这一行有大概的了解，这样译出来的文本才不会闹笑话。

例8：Full set of insurance policy/certificate for 110 pet of the invoice value showing claims payable at destination in currency of the L/C, Blank Endorsed, covering all risks, war risks.

分析：原文为信用证的保险条款。要准确翻译该句，需要具备一定的保险专业知识。依据海运保险实务惯例，国际贸易中的货物保险通常

按发票金额的110%进行投保，其中10%为保险加成，指预期利润和相关手续费用。因此，"for 110 pet of the invoice value"的专业译法为："按发票金额110%投保"。句中的"covering"一词在此处不能作普通的词理解为"涉及、包括"，准确的理解应是"投保"。

译文：要求提供全套保险单据。按发票金额的110%投保，并标明在目的地依信用证所用币种索赔，空白背书，投保一切险及战争险。

例9：If the electron flow takes place in a vacuum, as in the case of electronic valve, the electrons will travel at considerable speed, since little resistance is offered by the medium.

原译：如果电子在真空里流动，比如电子真空管，那么电子的运行速度会非常快，因为介质对电子几乎不产生什么阻力。

分析：原句讲的是电子在真空中的流动，稍有物理知识的人都知道，真空中是很少有空气的。原文中的"medium"指的是真空，而不是什么"介质"。因此，专业知识的掌握可帮助译者准确理解原文的意思，挖掘出原文的内涵。

改译：如果电子在真空里流动，比如电子真空管，那么电子的运行速度会非常快，因为几乎不会有什么空气对电子流动产生阻力。

四、极强的责任心及严谨的工作态度

翻译是一件必须以严肃认真、一丝不苟的态度来对待的工作。如果态度不端正，就可能会胡译、乱译。比如说，近年来，不少专家呼吁要提高公共场所英语标识语的翻译质量，因为很多英语标识语有严重的翻译错误。例如，北京一家剧院将入口处（entrance）错译为"import"，将出口处（exit）错译为"export"；长沙某商场的护发素（hair conditioner）商品标牌上写着错误的英语译文"Hair-tonic"。诸如此类的错误还有很多。造成这些错误出现的原因之一就是译者没有严谨的工作态度，做事缺乏责任心。其实只要查一下词典或相关资料，这些错误是完全可以避免的。

译者要注意的是，在英汉两种语言中存在不少"假朋友"（false friends），翻译时稍有不慎就会落入其"圈套"之中而造成翻译的错误。莫娜·贝克（2002）是这样定义"假朋友"的："False friends are words or expressions which have the same form in two or more languages but convey different meanings."（假朋友是在两种或多种语言中具有相同形式但传达不同含义的词语或表达方式。）① 根据此定义，"假朋友"是指源语和目的语中形式相同或极其相似但意义完全不同的词、词组、成语及表达方式等。因此，一个合格的译者要有一丝不苟、精益求精的工作态度，不要以为自己什么都懂而望文生义，一定要养成勤查词典或工具书的好习惯。请看一些容易造成翻译错误的貌合神离的"假朋友"：

英译汉：

bull's eye 靶心（不是"牛的眼睛"）

busboy 餐馆勤杂工（不是"公共汽车售票员"）

dry goods 纺织品；谷物（不是"干货"）

---

① 莫娜·贝克.翻译与冲突[M].赵文静，译.北京：北京大学出版社，2011.

white wine 白葡萄酒（不是"白酒"）

sporting house 妓院（不是"体育室"）

horse sense 常识（不是"马的感觉"）

black art 妖术（不是"黑色艺术"）

capital idea 好主意（不是"资本主义思想"）

white day 吉日（不是"白色的天"）

white hands 清白、纯洁（不是"白手，一无所有"）

confidence man 骗子（不是"信得过的人"）

a child's play 轻而易举的事（不是"儿戏"）

call sb. names 骂某人（不是"叫某人名字"）

a love child 私生子（不是"可爱的孩子"）

to eat one's words 收回前言；承认说错话（不是"自食其言"）

汉译英：

方便面 instant noodles（不是"convenient noodle"）

隐形眼镜 contact lenses（不是"invisible glasses"）

救火 to fight fire（不是"to save fire"）

拳头产品 knockout product（不是"fist product"）

番茄酱 ketchup（不是"tomato sauce"）

酸奶 yoghurt（不是"sour milk"）

假花 artificial flower（不是"false flower"）

密码 password（不是"secret word"）

大雾 thick fog（不是"big fog"）

黄色书籍 pornographic book（不是"yellow book"）

五、掌握一定的翻译理论知识及翻译技巧

借科技革命之力，全球化以其迅猛之势席卷全球。全球化带给人类的革命涉及方方面面，自然也给翻译研究带来了新的挑战与机遇。合格的译者必须掌握基本的翻译理论知识和各种翻译技巧。翻译理论知识可以帮助译者更好地了解翻译的性质、标准、过程以及各翻译流派的观点，这样从事翻译工作就有一个理论上的指导。

各种翻译技巧（如增词法、转译法、省略法、正反译法等）是前人总结出的、经实践检验过的、行之有效的翻译方法，译者应掌握这些基本的翻译技巧并且在翻译实践中灵活使用。"现代译者的角色也是多元的……首先，他（她）是一位善做沟通工作的人。这就要求译者起码在双语能力上要过硬。其次，他（她）又是一位斡旋者。这种斡旋任务不仅仅是在两种语言之间展开，更是在两种文化（包括两种意识形态、两种道德体系和两种社会政治结构）之间展开，因此译者是否具备两种文化的视野就显得极为关键。再次，他（她）还是一位'善于协商，从而使双方达成一致'的人。也就是说，译者的工作应当充满智慧与创意，其结果要能让人乐意接受。"①

---

① 何刚强.译学无疆，译才不器——翻译（院）系培养人才应有长远的眼光[J].上海翻译，2006（2）：39-42.

第三节 文化与翻译的关系

一、关于翻译

（一）翻译的定义

翻译工作可谓历史悠久、源远流长。语言学家、翻译家、翻译理论家等纷纷对翻译进行定义，有人认为翻译是一项活动，有人认为翻译是一门艺术，也有人认为翻译是一门科学。本节主要通过中外学者给出的翻译的不同定义，来了解翻译这一概念。

1. 外国学者的观点

（1）英国著名语言学家和翻译理论家约翰·卡特福德认为，翻译是用一种等值的语言（译语）的文本材料去替换另一种语言的文本材料。[1]卡特福德认为，翻译主要是两种存在状态：一种是源语，即译出语。另一种是目标语，即译入语。[2]

（2）美国翻译理论家奈达认为，翻译是指从语义到文体在译语中用最切近且最自然的对等语再现源语的信息。[3]

（3）苏联翻译理论家巴尔胡达罗夫认为，翻译是把一种语言的言语

---

[1] 卡特福德.翻译的语言学理论[M].穆雷，译.北京：旅游教育出版社，1991.
[2] 卡特福德.翻译的语言学理论[M].穆雷，译.北京：旅游教育出版社，1991.
[3] 尤金·A.奈达.语言文化与翻译[M].严久生，译.呼和浩特：内蒙古大学出版社，1998.

产物，在保持内容也就是意义不变的情况下，改变为另一种语言的言语产物的过程。①

2. 中国学者的观点

（1）许慎在《说文解字》中，曾把"翻"解释为"翻，飞也。从羽，番声，或从飞"；用现代汉语来说就是"翻，意为飞，形声字，羽为形符，番为声符"。而"译"的解释则是"译，传译四夷之言者。从言，睪声"；用现代汉语讲即是"译指翻译，即将一种语言文字翻译成另一种语言文字的人。形声字，言为形符，睪为声符"。

（2）茅盾认为，文学翻译是用另一种语言把原作的艺术意境传达出来，使读者在读译文的时候能够像读原作一样得到启发、感动和美的感受。②

（3）张培基认为，翻译是运用一种语言把另一种语言所表达的思维内容准确而完整地重新表达出来的语言活动。③

（4）方梦之认为，翻译是按社会认知需要，在具有不同规则的符号系统之间所做的信息传递过程。这一定义具有高度的概括力。④此外，方梦之在其主编的《译学词典》⑤中认为，"翻译"一词具有五个义项：翻译过程、翻译行为、翻译者、译文或译语及翻译工作。

---

① 巴尔胡达罗夫.语言与翻译［M］.蔡毅，虞杰，译.北京：中国对外翻译出版公司，1985.
② 茅盾.茅盾全集［M］.北京：人民文学出版社，1989.
③ 张培基.英汉翻译教程［M］.上海：上海外语教育出版社，2000.
④ 方梦之.译学辞典［M］.上海：上海外语教育出版社，2004.
⑤ 方梦之.译学辞典［M］.上海：上海外语教育出版社，2004.

（二）翻译的过程

翻译是理解原文并创造性地运用另一种语言再现原文的过程，也是一种有别于其他语言活动的思维过程。概括来说，翻译包括三个阶段，即理解阶段、表达阶段和校改阶段。下面就对这几个阶段分别进行论述。

1. 理解阶段

正确、透彻地理解原文是译文恰当而充分地表达原文的前提。不理解原文，翻译也就无从说起。

（1）理解词汇含义

英语中存在很多一词多义的现象，同一个词在不同的语言环境中往往有不同的含义。因此，译者在翻译过程中除了要注意词的一般意义，还要注意词在具体语境中的引申含义。例如英语"deep"一词的基本含义是"深的"，但在实际运用中，它还有许多其他含义，如"deep in study"（专心学习）、"deep voice"（低沉的嗓音）、"deep red"（鲜红色）、"deep sleep"（酣睡）、"deep thinker"（知识渊博的思想家）等。

因此，译者在翻译时一定要理解词汇在具体语境中的准确含义，这样才能做出准确的翻译。例如：

原文：Sometimes you might think the machine we worship make all chief appointments, promoting the human beings who seem closest to them.

译文：有时你可能认为，一切重要的官职都是由我们所崇拜的当权人物任命的，他们提拔那些似乎与他们最亲近的人。

如果将原文中的"machine"理解为"机器"，那么译文会令人难懂且不符合逻辑。因为句中的代词"them"指代"machine",这就说明"machine"一词在句中是一个集合名词,而根据句中的动词"make"和"promoting"引导的分词短语这一具体的语境,说明"machine"一词在此处是有生命的、有思想的,意为"核心人物"或"当权人物"。

原文:I hate to see a story about a bank swindler who has jiggered the books to his own advantage because I trust banks.

译文:因为我信任银行,所以我讨厌看到银行诈骗犯篡改账目、损人利己的报道。

在翻译原句时,根据上下文,不能将原句中的"story"译为"故事",而应理解为"报道、新闻";不能将原句中的"books"译为"书本",而应理解为"账目"。

(2)理解句法结构

英汉两种语言属于不同的语系,汉语属于汉藏语系,英语则属于印欧语系,且英汉两个民族在思维方式上也不同,这就导致英汉句子结构存在很大的差异。在表达同一个意思时,英语和汉语有时会采用不同的句法结构。因此在翻译时,译者需要认真理解原文中的句法结构并进行仔细分析。例如:

原文:It will strengthen you to know that your distinguished career is so widely respected and appreciated.

译文:当您认识到您的杰出事业是如此广泛地受到人们的尊敬和赞赏时,您就会为自己增添力量。

原句引自美国前总统理查德·尼克松于1972年写给病危中的美国

著名记者埃德加·斯诺的慰问信。译者要想翻译这句话，首先应正确分析句子结构，否则容易引起表达错误。如果把该句误译成"这样会使您更加认识到，您的杰出事业是如此广泛地受到人们的尊敬和赞赏"，就是把不定式短语"to know that... appreciated"错误地当作"will strengthen"的状语，没有看出这一不定式才是句子的真正主语，而"it"只是充当形式主语，没有任何意义。

原文：There was no living in the island.

译文：那座岛不能居住。

要想正确翻译此句，译者需要准确理解英语中句型"there is+动名词"的意思。这一句型实际上相当于"we cannot+动词原形"或"it is impossible to do"。因此，如果译为"那岛上无生物"就是错误的。

2. 表达阶段

表达是实现由源语到目的语信息转换的关键。在表达阶段，译者要了解源语和目的语在表达方式和文化上的差异，以使译文忠于原作，且符合译语的表达习惯。此外，译文还要恰当地再现原文的风格。具体来讲，译者翻译时需要在以下几个层次上对原文和译文负责。

（1）自然层次

自然层次是译文行文的基本标准。对于所有类型的文本，译文都必须自然流畅，符合译入语的习惯。只有极少数例外的情况，初学翻译的人常常译出很别扭的译文来，除了本身文字功底尚欠火候之外，主要是过于拘泥于原文，选词用字照抄词典，不顾上下文是否合适，过于拘泥于原文的句子结构。例如：

原文：The men and women throughout the world who think that a living future is preferable to a dead world of rocks and deserts will have to rise and demand, in tones so loud that they cannot be ignored, that common sense, humanity, and the dictates of that moral law which Mr. Dulles believes that he respects, should guide our troubled era into that happiness which only its own folly is preventing.

译文1：希望有一个可以活下去的世界而不要一个到处是岩石和沙漠的死亡的世界，各国的男男女女必须起来用一种人们不能置之不理的洪亮声音大声疾呼，要求让理智、人道和杜勒斯先生所说的他所尊重的道义原则，来引导这个多事之秋的时代，进入只有时代本身的愚蠢在阻止人们达到的幸福境地。

译文2：充满生机的未来世界胜于遍布岩石和沙漠的荒野，凡持此观点的世人，都应该行动起来，用无比洪亮的声音唤醒众人：正是我们今天的愚蠢做法在阻碍着人类走向幸福，我们必须依靠理智、仁慈及杜勒斯先生所倡导的道义原则，来引导这个动乱的时代迈入幸福的天堂。

原文一句话多达71个单词，其中套着3个定语从句、1个宾语从句和1个状语从句。

译文1没有分好层次，显得十分生硬，表达十分笨重；译文2分清层次，将句式做了调整，清爽了许多。

（2）文本层次

文本层次是指原文的字面意义。原文既是翻译活动的起点，也是终点，任何翻译都不能离开原文。但是，即使是同一个意思，原文的表达方法不同，翻译时所应采取的策略、译文的表达也会不同。有时即使是同一个词也会有不同的译法。例如：

例1：She is the last woman to come.

译文：她是最后一个来的。

例2：She is the last woman to do it.

译文：她绝不会干那件事的。

以上两个例句中都有"last"，但翻译出来的说法并不一样。例1可以直接翻译成"最后"，而例2则要取"最不可能做某事"的含义，这样译文才能更加准确、清楚。

（3）黏着层次

黏着是指语篇中句子之间的衔接。对于英汉两种语言来说，两者在语法、词序上有很大的差别。另外，英语多长句，句中经常包含很多从句；汉语多短句，句中少有衔接词汇。这些差别都要求译者必须注意调整译文结构，使译文成为一个符合目的语读者表达习惯的连贯整体。例如：

原文：The English arrived in North America with hopes of duplicating the exploits of the Spanish in where South America, where explorers had discovered immense fortunes in gold and silver. Although Spain and England shared a pronounced lust for wealth, differences between the two cultures were profound.

原译：英国人抱着和西班牙人开拓南美洲一样的动机来到北美洲，西班牙的探险者在南美洲发现了大批金银财宝。虽然西班牙和英国都同样明显地贪图财富，但是两国的文化却存在着很大的差异。

改译：当年西班牙探险者在南美洲发现了大批金银财宝，英国人来到北美洲的动机也如出一辙。虽然两国对财富的欲望同样强烈，但是两国在文化上却存在着巨大的差异。

本例原文的第一句含有一个定语从句，原译将它拖在主句的后面，结果两个句子之间的衔接显得非常别扭，整个段落支离破碎。改译中根据汉语习惯，按时空顺序组织句子的规律，将原文中的定语从句译成汉语后放在主句之前，这样整个段落就比较连贯了。

3. 校改阶段

校改阶段是翻译的最后一个阶段。译文不论翻译得多好，也难免会有疏忽和错漏的地方，因此需要认真校改加以补正。校改实际上是对原文内容的进一步核实，以及对译文语言的进一步推敲和完善。因此，校改并不是简单地改错，译者必须认真对待这一环节。校改阶段主要完成两个任务：一是检查译文是否精确，二是检查译文是否自然简洁。在校改阶段，译者应注意以下几个方面：

（1）审校人名、地名、数字和方位是否有错误。

（2）审校译文中翻译的单位，查看有无错漏、误译或欠妥之处。

（3）审校专业术语是否正确。

（4）核查成语及其他固定表达是否准确、恰当，包括各种修辞手法和修辞习惯。

（5）校正错误的标点符号，使其符合目的语的语言规范。

(6)力求译文没有冷僻、罕见的词汇或陈词滥调,译文段落表达自然、简洁。

通常来说,译文必须校改两遍以上,第一遍着重校改内容,第二遍着重润饰。润饰是为了去掉初稿中的斧凿痕迹,即原文对目的语的影响或干扰,使译文自然流畅,更符合目的语的习惯。通常的做法是先抛开原文,以地道的目的语的标准去检查和衡量译文,并进行修改和润饰。如果时间允许,再把已校改两遍的译文对照原文通读一遍,进行最后一次的检查、修改,务必使所有的问题都得到解决,这样的译文才算是定稿。此外,如果条件允许,最好能请别人挑错,因为译者本人往往受自身思维模式的束缚,很难发现自己的错误。译者还可以在校改完之后将译文放置几天再拿出来看,或许会发现一些之前没发现的问题。

二、翻译与文化的相互作用

美国翻译理论家奈达曾在其著作《语言文化与翻译》一书中指出:"对于成功的翻译而言,双文化能力比双语言能力更加重要,这是因为词语只有从它们所赖以生存的文化的角度去考察才真正具有意义。"[①] 由此可以看出,翻译与文化是紧密相连、互相影响的关系。一方面,翻译可以促进和丰富文化。另一方面,文化又促进并制约着翻译。

---

① 尤金·A.奈达 语言文化与翻译[M].严久生,译.呼和浩特:内蒙古大学出版社,1998.

（一）翻译丰富文化内容

翻译作为一种跨文化交际行为，通常担负着传播文化、丰富文化的使命，这也是翻译的意义与价值所在。翻译不仅能促进译入语文化的发展，还促进了不同文化之间的传播与交流。语言作为文化的代码，不仅具有认知表达功能，还有储存文化信息和传播文化的功能。当人们用文字来表达某种思想或叙述某种事物时，不单是在进行知识的传播，也是在进行文化的传播，并且是多维文化的传播。而通过翻译这一中介，世界各地的文化得以传播、交流、融合，碰撞出新的火花，焕发出新的生机。下面就从新词的产生和文学的发展这两个方面，对这一点进行说明。

（1）随着我国改革开放的深入，汉语同英语之间的交流也达到了空前的深度与广度，其中最明显的体现便是外来新词的不断产生与涌入。

这些词语或是音译的结果，或是在中西交流中语义引申的结果，或是外来词异化翻译的结果。无论哪种，它们都已为人们所接受，并成为汉语表达的一部分，从而使中国的语言文字有了新的发展，也使我们开始更为精确地表达在本土文化中本不存在的事物或现象。

在西方文化传入中国的同时，中国传统文化也传入了西方，并对世界产生了广泛的影响。今天，外国许多国家都知道了中国的太极拳、少林寺和武术，了解了中国的节日习俗，认可了中国人名的表达方式，如跨栏飞人叫"刘翔（Liu Xiang）"而不是"Xiang Liu"，篮球明星是"姚明（Yao Ming）"而不是"Ming Yao"。

（2）从文学方面来说，中国文学在1890~1919年经历的一次翻译高潮，对我国文学发展产生了以下几个方面的重要影响。

①大量的外国文学作品尤其是外国小说被介绍给中国读者，这使中国传统的知识分子开始承认小说的独特价值，并将之纳入文化领域，使其置身于诗词古文作品之间。

②小说的翻译改变了我国传统的写作技巧。西方小说注重心理描写及细腻的景色描写，这打破了我国传统的重意境渲染的文学写作风格，对文学写作的多样化产生了巨大影响。

③文学翻译还改变了旧有的文学观念，引入了新的思想内容，对我国新诗、话剧、白话小说的诞生与发展产生了巨大影响，直接促进了我国文学发展的现代化。

（二）文化促进、制约翻译

1. 文化影响翻译选材

文化影响翻译选材具体表现在翻译目的与文本选择方面，而这里所说的文化主要是指文化中的意识形态。在中国翻译史上，翻译介绍外国名作为中国社会发展服务，用外国作品的政治态度或作者的思想观点作为翻译选材的标准，这样的例子非常多。

在中国近代翻译活动中，严复、林纾可谓风云人物。林纾在翻译斯土活①的《黑奴吁天录》时，其目的非常明确。19 世纪 40 年代，中国广东沿海一带成千上万的贫民被拐骗到美国开发矿山、修筑铁路。他们为在艰苦的环境中求得生存，承受了繁重的劳动。然而，19 世纪 50 年代，美国加州通过了一系列歧视、排斥华人的法律。1868 年，西海岸有 4 万

---

① 斯土活，即为美国作家斯托夫人。"斯土活"是林纾译法。

名华工被逐出矿区。1871年，洛杉矶的中国劳工惨遭屠杀，排华运动愈演愈烈。1882年，美国国会干脆通过排华法案，可是腐败的清政府并不敢同美国政府进行交涉。林纾认为，华工之所以受尽欺侮，关键是中国的国力太弱。林纾说，他翻译《黑奴吁天录》就是要使中国人正视这种"为奴之势逼及吾种"的现实。在该书跋中，他再次强调与魏易翻译此书的愿望："余与魏君同译是书，非巧于叙悲以博阅者无端之眼泪，特为奴之势逼及吾种，不能为大众一号……当今变政之始，而吾书适成，人人即摈弃故纸，勤求新学，则吾书虽俚浅，亦足为振作志气，爱国保种之一助。"[①]林纾出于爱国热忱，希望通过翻译此书给国民敲响警钟，使其认识到亡国灭种的危险。

2. 文化影响翻译过程

美国语言学家爱德华·霍尔认为："翻译不但是两种语言体系的接触，而且是两种不同文化的接触，乃至是不同程度的文明的接触。翻译过程不仅仅由语言因素所决定，还由社会因素和心理因素所决定。"[②]由此可以看出，翻译不仅仅是两种语言之间的转换，也是形式的转化，更是文化的转换。换句话说，翻译在语言转换的过程中要把整个交际语境考虑在内，同时又能允许读者以一种他们认为自然而又妥当的方式对译文做出回应。这里的交际语境，指的就是文化因素。一方面，文化具有共同性，任何文化之间都会有一定的重叠，这也是翻译的基础。另一方面，文化也具有多样性，大多数的文化意义是存在差异的，这便是翻译的难点。

概括来说，翻译可以分为两大阶段，即理解和表达阶段。理解是翻

---

① 斯土活.黑奴吁天录[M].林纾,魏易,译.北京：商务印书馆,1981.
② 爱德华·霍尔.无声的语言[M].侯勇,译.北京：中国对外翻译出版公司,1995.

译精准、得当的前提，表达是落实这一标准的实际行动。无论是在理解阶段，还是在表达阶段，译者都必须结合文化因素来思考和选词造句。一篇文章对读者所传达的不仅是文字知识，还包括其在特定社会条件下所形成的独特的文化信息，如民族情感、个人情感、生活态度、风俗习惯等。因此，如果译者仅从文字的表面推敲，就很难准确理解原文的精神实质，译文自然也就难以再现原文的神韵。这就需要译者准确分析和翻译原文的文化意义。但由于译者本身也是一个文化个体，虽然他可能并没有意识到，但他确实正受到自身文化取向和文化身份的影响。因此，无论译者在翻译时再怎么努力摒弃主观因素，也抛不掉自己身上的文化烙印。这种烙印根深蒂固，其影响会贯穿整个翻译过程。

第四节　文化差异对翻译的影响

通过前面的介绍可以推断，文化差异必然会给作为跨文化交际中一个重要形式的翻译带来极大的影响。根据奈达对翻译中的文化因素所做的分类，本节结合实例来分析中西文化差异对英汉翻译的影响。

一、语言文化差异对翻译的影响

语言不仅是文化的重要组成部分，还是文化的载体。英汉两种语言的词汇、句法、习语、修辞等都有各自的特点，而且这些特点对翻译有着最为直接的影响。

（一）词汇方面

词汇含义的部分重合或字面含义相同、实际或文化含义不同的现象十分常见。例如，汉语中的"宠儿"是指被特别宠爱的孩子，而英语中的"favorite son"指的却是被自己所在的州所拥护的政治候选人。如果译者不了解这些不同，就可能产生误译。由此可见，译者在翻译的过程中了解词汇的深层文化内涵非常重要。例如：

原文：It was Saturday afternoon, and the landlady was cleaning the stairs.

译文：那是一个星期六的下午，女房东正在打扫楼梯。

在英国，常有人将房屋内的房间分别出租，这样的人通常被称为"landlord"或"landlady"。译者如果不了解这一文化背景知识，则很有可能将"landlady"错译为"女地主"。

（二）句法方面

在句法上，汉语造句注重意义连贯，句子形式可根据表意需要加以变通，较为随意，即汉语重意合。相比之下，英语造句对结构有着严格的要求：句子不仅要结构完整，还要注重形式接应，句子的形式受到语法的严格制约，即英语重形合。因此，在句子翻译层面上，译者必须考虑到英汉句子衔接方式的不同，从而使译文更加符合目的语的表达习惯。例如：

原文：种瓜得瓜，种豆得豆。

译文：As you sow, so will you reap.

本例汉语表达中并无任何连接词，却能得到很好地理解。而英语句子却需要靠"as"和"so"来衔接前后，表明逻辑关系。由此可看出汉语重意合、英语重形合的特点。

除了形合、意合的差异外，英汉句子在主语表达上也存在差异：英语习惯用非生物名词做主语，而汉语习惯用生物名词做主语。所以，译者在翻译时要注意对主语进行位置上的调换。例如：

例1：It is believed that his performance is the best.

译文：人们认为他的表演最好。

例2：Not a sound reached our ears.

译文：我们没有听到任何声音。

（三）习语方面

习语是一个民族文化的积淀和人民智慧的结晶，有着明显的民族性。因此，英汉两种语言中的习语也存在着很多形似而意悖的现象，所要表达的意思与其字面意思往往没有直接的关系。因此，习语的翻译往往要求译者对习语本身有十分透彻的理解，否则就很容易产生误译。例如：

原文：He is the man who always wears two hats.

从字面上理解，"wears two hats"可译为"戴两顶帽子"，但如果这样翻译，读者会对译文不知所云。其实，这一习语是"身兼两职、双重身份"的意思，如果了解了这一含义，上句的翻译就不会出现错误了。再如：

原文：Since Mike's wife passed away, he's been wearing two hats at home as both father and mother.

译文：自从迈克的妻子去世以后，他在家里既当爹又当妈。

原文：They are so shorthanded at Joe's office that he has to wear two hats.

译文：乔的公司太缺人手了，他不得不同时担任两个职务。

（四）修辞方面

修辞是语言表达艺术化的一个重要方法，在文学作品和日常生活中多有涉及。很多修辞格虽然同时存在于汉语和英语中，但在具体使用上却存在或多或少的差异。这些差异对翻译造成了不小的障碍。例如：

原文："... you had got to the fifth bend, I think?"

译文："……你说到了第五个弯儿了，不是吗？"

原文："I had not!" cried the Mouse, sharply and very angrily.

译文：那老鼠很凶很愤怒地喊道："我没有到！"

原文："A knot!" said Alice, "oh, do let me help to undo it."

译文：爱丽丝道："你没有刀吗？让我给你找一把吧！"

本例原文利用"not"和"knot"这两个谐音单词制造出双关修辞，贴切地表现了爱丽丝的心不在焉，达到了幽默的效果。一般来说，双关几乎是不可翻译的，因为汉语中很难找到合适的词与英语单词谐音。如果照搬直译，译为"一个结。噢，让我来帮你解开（结）"，一则显得单调乏味，二则没有体现出"not"和"knot"这两个谐音单词制造出的双关修辞。但赵元任先生利用"到"和"刀"这两个音近字也制造出了双关修辞，再现了原文的语言特色，实属佳译。

总而言之，英汉两种语言所属语系不同，其语言表达习惯、形式等都有巨大的差异。这就要求译者必须熟悉和灵活处理这些差异，将原文的语言风格、文化内涵原汁原味地呈现给读者，这样才能译得准、译得好。

二、社会文化差异对翻译的影响

社会文化错综复杂，包罗万象。一个民族的历史、政治、经济、风俗习惯、价值观、思维方式，以及社会活动的特点和形式等都是社会文化的表现。与其他差异相比，社会文化差异对翻译造成的影响更大一些。以下针对几种英汉社会文化表现差异对翻译的影响进行简要介绍。

（一）价值观念

翻译必然涉及价值观念。翻译的价值观念问题是翻译研究中的一个重要话题。我国翻译研究领域的诸多知名学者都曾围绕该话题有过精辟论述。方梦之指出："一个独立的社会群体往往会有一套完整的价值体系。面对翻译，人们遵从特定的价值基准而抱有一套信念、原则和标准。"[①]

由此而言，翻译原则、翻译标准的确立都基于特定语境下的翻译价值观，而翻译行为必然以一定的价值追求为目的。许钧甚至认为，翻译作用、翻译功能、翻译影响及翻译价值这些词语，"虽然意义有所区别，但就本质而言，指的都是翻译活动应该起到或所起的作用"，因此，"在这个意义上，建立翻译的价值观，可为我们进行翻译评价与批评提供理论的

[①] 方梦之.译学辞典［M］.上海：上海外语教育出版社，2011.

基础"①。

汉语社会文化价值观推崇谦虚，如在文章中经常可以看到"鄙人""犬子""拙文"等谦辞。而英语社会文化则推崇个人表现，展现个人的自信，故很少有这类自谦的用词。

（二）思维方式

相对而言，中国人重具象思维，对事物的描述和表达都尽可能具体；而英美人重抽象思维，擅长用抽象的表达描述具体的事物。因此，英语科技文章中多概括、笼统的抽象名词，而对应的汉语文章中多物质名词。译者在翻译这些具体词语时，如果生硬直译，必然会使译文晦涩难懂，因此需要将英语中的大量抽象名词具体化，使译文符合汉语表达习惯。例如：

原文：Is this emigration of intelligence to become an issue as absorbing as the immigration of strong muscle？

译文：脑力劳动者移居国外是不是会和体力劳动者迁居国外同样构成问题呢？

本例原文中的"intelligence"一词原意为"智力，理解力"，"muscle"的原意为"肌肉，体力"。但译文并没有进行生硬的直译，而是灵活地将它们译为"脑力劳动者"和"体力劳动者"。很明显，将抽象名词具体化以后，译文就更容易被理解了。

---

① 许钧.翻译论［M］.南京：译林出版社，2014.

（三）风俗习惯

风俗习惯涵盖的范围很广，如称呼、寒暄语等都属于风俗习惯的范畴。中西方风俗习惯上的差异也要求翻译者必须综合考虑源语文化和目的语文化，进行灵活翻译，不能将源语文化"生拉硬拽"至目的语中，否则译文就难以让目的语读者理解和接受，达不到文化传播的目的。

在称呼方面，英语中的亲属称谓只有"dad""mom""grandpa""aunt""uncle"等为数不多的几种表达，而且多数情况下人们经常直呼其名。但中国素有"礼仪之邦"之称，称谓长幼有序，区分得十分严格。有时一个称谓不止一种叫法，如"妻子"，英语中只有"wife"一种叫法，但汉语中则有"老婆""爱人""内人""内子""拙荆""堂客"等多种称呼。因此，在翻译中遇到这种情况时，译者需要根据上下文弄明白文中人物的关系，从而确定具体应该翻译成汉语中的何种称谓。

在寒暄语方面，中国人见面打招呼时常说"你要去哪儿""你吃饭了吗"。类似这样的话语只不过是礼节性打招呼的一种方式，并无深意。然而，西方人对这几句话却非常敏感，如果译者翻译时直译，容易令他们不知所措，甚至有可能引发冲突。因此，译者要视具体情况做出相应的客套话的转换，改用英语惯用语"Good morning""Hello"或者"How are you"等。中国人在至爱亲朋之间，很少用"请""谢谢"之类的用语，因为不是外人，无须那样客套，若多用反而见外。可是在英语文化中，"thank you""please""excuse me"等用词却常不离口，即使在夫妻之间、父母与子女之间、好朋友之间也要不厌其烦地使用。

在祝贺、赞扬、道谢等方面，英汉民族的习惯基本上也不相同。例如，英美人士听到他人对自己的赞美时，通常会接受赞美，并表示感谢，而中国人面对赞美时常表示自己受之有愧。

第五节 生态翻译理论与文化维度

一、生态翻译学及其渊源

（一）生态翻译学简述

生态学与翻译学的联姻使翻译研究出现了更广阔的研究空间。2004年，胡庚申教授出版了译论专著《翻译适应选择论》①。此专著以达尔文的适应选择学说为指导，认为翻译是译者适应翻译生态环境的选择活动。在此基础上，他又多次撰文明确提出了自己对生态学与翻译学联姻的看法，提出了"生态翻译学"及翻译研究的"生态转向"。

胡庚申认为，"生态翻译学起步于 2001 年，全面展开于 2009 年"，所谓"生态翻译学是一种生态学的翻译观，或者说是一种生态学的翻译研究途径（an ecological approach to translation studies）。它着眼于翻译生态的整体性，从翻译生态环境的视角解读翻译过程，描述译者与翻译生态环境之间的关系，聚焦译者的生存境遇和翻译能力发展"②。单从

---
① 胡庚申.翻译适应选择论［M］.武汉：湖北教育出版社，2004.
② 胡庚申.翻译适应选择论［M］.武汉：湖北教育出版社，2004.

概念定义可以看出,生态翻译学聚焦于"生态学""生态环境"等关键词,尝试引入跨学科的新途径来研究翻译。从内容上看,生态翻译学倡导"译者为中心",基于翻译理论的生态学建构和整体生态系统内的翻译环境,从译者视角对翻译本体活动做出新的描述和解释。从语法学角度来看,翻译学是"生态翻译学"中的核心词,生态是修饰语,可以理解为从生态学的角度来探索翻译现象,与语言翻译学、文化翻译学、认知翻译学、社会翻译学同属于翻译学范畴。从翻译学的本位立场出发,"生态翻译学"比较适合作为翻译学的一门分支学科的称谓。

生态翻译学是翻译研究的新范式还是新视角?它是否具有存在的科学性?它的理论基础和理论核心是什么?它能否成为一门学科?它的研究对象、研究方法是什么?其未来发展前景如何?这些问题目前在学术界还没有达成共识,一切都还处于探索和质疑阶段,人们对生态翻译的关注还比较少。翻译中具有生态学元素的研究只有二十余年时间。1988年,彼得·纽马克在翻译过程文化介入的分类中包含了翻译的生态学特征。笔者认为,生态翻译学研究应该有两个目的:一是借鉴生态学的基本思想,如整体观、联系观及和谐观,用于翻译研究,从而拓展、改进和丰富翻译研究。二是从生态学的立场出发,以生态学视角的翻译研究作为跨学科整合研究的龙头学科,以生态学的思想为依据来建构翻译学,从而使翻译研究多维化、语境化、整体化和系统化。

(二) 生态翻译学产生的渊源

生态翻译学的产生具有多维因素,主要包括历史必然性、时代特殊性、理论基础性、学科方法性及本体兼容性等。人类中心主义思想在西方长期盛行,"植物的存在就是为了动物的降生,其他一些动物又是为了人类而生存。驯养动物就是为了便于使用和作为人们的食品,野生动物,虽非全部,但其绝大部分是作为人们的美味、为人们提供衣服及各类器具而存在"[①]。亚里士多德的自然目的论思想为人类征服自然和统治自然提供了充分的理由,也造成了西方人类与自然、文明与环境的对抗。人类中心主义在伐木造田、截流开道等方面得到了淋漓尽致的体现。森林的迅速消失,物种濒临灭绝,沙尘暴、泥石流、空气污染、海啸、气候变暖等现象表明,自然生态环境受到了严重的破坏并直接威胁到人类的生存。这种生态失衡使人类不得不在不同的领域,从不同的层面去思考、去解决这些问题。历史的因素注定了生态危机的爆发只是时间的问题,这就决定了生态视域翻译研究的产生具有一定的历史必然性。

从1978年美国学者威廉·鲁克尔特在《文学与生态学:一次生态批评实验》的文章中首次提出,生态批评从出现到现在的短短几十年间,表现出了顽强的生命力。从美国到欧洲、亚洲,再到全世界,从生态学到文学、哲学、教育学、建筑学、翻译学等不同领域,生态批评逐渐成为人们研究的显学。这说明在不同区域、不同领域、不同国度及不同意识形态之间都存在着严重的生态失衡。在当今经济全球化背景下,种族之间、区域之间、国际之间的交往更加频繁,多元文化主义的全球性盛行使翻译研究必须适应这一时代的特殊性,采取跨学科整合统一的方法和视角。

---

① 么秋胜.存在论[M].保定:河北大学出版社,2014.

生态视域翻译研究产生的理论基础性在于翻译研究本身已取得的理论成果。在翻译研究出现语用学、文化和认知等转向后，语言翻译学、女性翻译学、后殖民理论翻译及认知翻译学等，都为生态视域翻译研究的产生和理论建构提供了一定的思想启示，做出了一定的贡献。另外，"翻译适应选择论对翻译本体的探讨和描述，对生态翻译学话语体系的建构来说具有举足轻重的意义"[①]。翻译研究的生态跨学科性离不开生态学、生态哲学等学科的支撑，而生态学及生态哲学中的许多思想促成了生态翻译学概念、原理等的生成。任何事物的产生都离不开母体，翻译的目的性决定了它的兼容性，而本体的兼容性特点加速了生态翻译的出现。翻译中的一系列差异和不对等阻碍了翻译中主体间对话的流畅性的实现，生态视域翻译研究的目的就在于解构这些差异和不平等，建构新的翻译研究范式。

二、翻译研究的物种、性别和种族维度

在全球一体化的今天，不同种族、民族、国家间的交往更加频繁，多元异质文化存在不断碰撞、交融和共生的现象。翻译研究作为人类的交际活动之一，在多维因素的影响下，相继出现了语用学转向（pragmatic turn）、文化转向（cultural turn）、经验论转向（empirical turn）和全球化转向（globalization turn）。在当前全球生态危机不断恶化的背景下，生态平衡与和谐是各个国家共同的责任。这种责任必将使翻译研究领域

---

① 王岳川.生态文学与生态批评文论［J］.北京：北京大学学报（哲学社会科学版），2009（2）：134.

出现生态转向,重视蕴含于翻译文本的生态失衡和历史语境。在多元文化主义下,翻译研究早已超越了简单的异语转换,它已经与经济、社会、政治、种族、性别、物种及环境等问题紧密相关。

德国学者贾斯塔·霍尔兹·曼塔利提出用"译行为"指代"翻译",用来表示含义广泛的各种跨文化交际行为,因而,生态语境下审视翻译,翻译研究生态至少体现在物种、性别、种族、区域及阶级等多个维度。生态翻译就是要消解隐含在翻译中的人类中心论、男性中心论、白人中心论、欧洲中心论及财富中心论等思想。

自1978年美国学者鲁克尔特提出生态批评至今,生态批评经历了人类中心主义、生物中心主义、地球中心主义及生态中心主义,最后到生态整体主义的发展历程。生物中心主义的提出,将人与动物、植物的关系研究推向了一个新的浪潮。西方人文社会科学领域在20世纪80年代后出现了"动物转向",这使人与动物的关系得到"'爆炸性'研究",文学作品中对动物的研究获得了空前的关注。如何在翻译中消解动物的他者地位,恢复其应有的主体性,实现主体间性原则,维护翻译生态环境的整体平衡与和谐,是生态翻译学研究不应忽视的一个问题。

胡庚申认为,"翻译是语言的转换,而语言是文化的一部分;文化是人类活动的积淀,而人类又是自然界的一部分"。同时,"人类作为自然界中的成员,长期的人类交际活动形成文化,文化以语言为媒介传播,语言不通就需要翻译"。因此,胡庚申得出翻译活动与自然界之间的相互关系,认为"作为人类行为的翻译活动与自然界的活动,不管是直接的还是间接的，总体上是关联的和共通的"①。胡庚申提出的翻译活动和自然界之间的相互关系，为生态翻译奠定了重要基础。从翻译活动到自然界活动不是线性的生成过程，这一翻译过程的实现经过了人脑的认知转化，有一定的时空性。同时，这一过程是在一种理想状态下的理论设想，要使翻译与自然界之间的相互关系得以顺利实现，必须解构其中包含的种种中心论和不平等的思想观念，在此基础上，可以衍生出生态翻译的多个维度图。

生态翻译首先是意识到生态差异的翻译，这种差异体现在多个维度。由于长期的人类与非人类、男性与女性、白种人与有色人种的二元对立，导致了物种维度、性别维度成为生态翻译中必须首先解决的维度问题。译者只有意识到这些差异，才能在翻译中适应性地选择、解构性地建构，才能更好地做到翻译的"信、达、雅"。生态翻译观是主体间性原则指导下的平等翻译，它的目的在于解构一切中心主义和不平等主义，更好地服务于交流和信息的传达。

此外，生态翻译是发展的翻译，因为翻译理论本身是一个综合的、开放的系统，它与许多学科和艺术门类息息相通。要实现生态翻译，必须在翻译生态环境系统内实现平衡对等，克服物种、性别方面因素的制约。

（一）物种维度

一定历史语境下的语言和文化难免会烙上时代的印记。在人类中心

---

① 胡庚申.翻译适应选择论［M］.武汉：湖北教育出版社，2004.

主义思想下，在以人为万物的价值尺度的前提下，人与自然界及其他物种处在一种统治与被统治的失衡状态下。这种状态具体体现在语言和文化层面上。因此，在实际操作过程中会有许多影响翻译平衡的因素存在，如果忽视了自然界中其他生物的主体性，就等于忽略了部分交流的群体。生态翻译学的指导思想是生态整体主义，生态整体观的基本前提就是非中心化，它的核心特征是对整体内部联系的强调。生态系统中的所有成员是主体间性关系，不存在主体与客体、主动与被动、利用与被利用的关系。长期的人类中心论思想将自然界中的其他物种置于人类的支配和统治下，导致人与自然的二元对立。人是万物的主体，非人类的主体性被剥夺，使之成为他者，成为人类的对象性、工具性的存在。非人类世界没有内在价值，只有工具性价值。这种思想具体体现在语言文化上，从而在意识形态上体现出一种人类中心主义的观点，阻碍了主体间性原则在翻译中的实施，影响了翻译系统的生态平衡。

（二）性别维度

生态女性主义和女性主义翻译的兴起，是生态翻译性别维度产生的基础。生态女性主义者认为，女性和自然之间有着天然的联系，女性被自然化，自然被女性化，"女人＝生殖＝自然，男人＝生产＝文化"，对女性的压迫和对自然的支配在很大程度上促使了生态女性主义的产生，"生态女性主义的核心就是把男权社会对自然的压迫和对女性的歧视联系起来……在反对男权压迫与支配的斗争中寻求解放女性和解决生态危机的出路"①，实现女性在政治、语言和权力等方面的平等，与男性进行主体间性原则的交往，实现两性之间的和谐。

20世纪80年代起逐渐兴起了女性主义翻译研究。女性主义者关注译作与原作的地位问题，认为传统的观点把译作与原作视作两极，所谓"优美的不忠"的内涵实质上体现了原作与译作之间的主从地位。"翻译像女人，忠实的不漂亮，漂亮的不忠实"不但包含着对女性的性别歧视，而且包含着对译作的歧视。女性主义者抨击翻译中男性话语的统治地位，试图利用新词、外来语及双关语等建立女性的语言格式，瓦解传统的语言观念。

女性主义翻译"过于情绪化、宗派化、观念化，实际上太主观"，过于强调"语言游戏的政治影响"。生态翻译的性别维度正是为了消解男性话语霸权和语言上的性别歧视，解构男性中心论，弥补女性主义翻译的局限性，恢复女性的话语权，实现两性在语言文化层面上的平等，实现主体间性原则的交往，实现生态平衡在性别维度上的体现，从而维护翻译系统的生态平衡。

基于生态整体主义的指导思想，从生态翻译的原则和目的来看，在交互主体性翻译中，翻译的目的在于顺利完成翻译活动，从而促进交流，实现翻译生态环境的平衡。当译语的对象处于主体性地位时，译者在翻译时要意识到源语生成时的历史文化语境，源语作者的写作意图、对象和目的等，从而在翻译时解构消解源语中的性别歧视、文化霸权等影响翻译生态环境和谐的因素，实现和维护全球文化生态翻译系统的平衡。

---

① 王欢. 生态女性主义研究［M］. 哈尔滨：哈尔滨工程大学出版社, 2019.

主体间性在生态翻译中具有重要的地位。没有翻译生态环境中的主体间性，译者中心论的存在就没有意义，它的存在就具有某种"中心主义"的色彩。

第二章　英语翻译的基本知识

第一节　英语翻译的概念与分类

一、翻译的概念

翻译有广义与狭义之分。广义的翻译指方言与民族共同语、方言与方言、古语和现代语、语言与非语言之间的信息转换。这个概念的外延是相当宽泛的，它包括不同语言间的翻译、语言变体间的翻译和语言与其他交际符号的转换。广义的翻译主要强调基本信息的转换，不强调完全的忠实。广义的翻译也称作"符际翻译"（intersemiotic translation）。

狭义的翻译一般是指语际翻译（interlingual translation），即用语言符号解释另一种语言，诸如英译汉、汉译英、法译英等不同语言之间进行的翻译。

二、翻译的分类

第一，按照工作方式，翻译可分为口译、笔译、机器翻译和机助翻译。

口译又可分为连续翻译和同声传译。机器翻译是现代语言学和现代科技结合的产物,有望在某些领域取代人工翻译。

第二,根据内容题材,翻译可分为文学翻译(literary translation)和实用翻译(pragmatic translation)。文学翻译对诗歌、小说、戏剧、散文及其他类型文学作品的翻译,着重情感内容、修辞特征及文体风格的传达;而实用翻译包括科技资料、公文、商务或其他资料的翻译,强调实际内容的表达。

第三,根据处理方式,翻译可分为全译、摘译、缩译、节译和编译。

第四,根据所涉及的两种代码的性质,翻译可分为语内翻译、语际翻译和符际翻译。

第五,根据所涉及的语言,翻译可分为外语译成母语和母语译成外语,如英译汉、汉译英。

除了以上所列几种划分方法之外,在实际运用中还有许多具体的分类法,这里不做介绍。本书中所讲的翻译,主要是从狭义翻译(语际翻译)的意义上来谈的,特别是指英汉语言的翻译。

第二节 英语翻译的标准与方法

翻译的标准一直是翻译界经常讨论并十分关注的问题,也是翻译理论研究和探讨的中心课题。只有明确了翻译标准,翻译实践中才能有章可循,才能够客观地衡量译文水平的高低和译文质量的优劣。

翻译的方法是翻译赖以实现的具体途径，是在对原文加以理解后，用译文语言表达的基本方法，方法是否得当直接影响到译文的质量。因此，翻译的方法对翻译来说是至关重要的。

一、翻译的标准

翻译的标准是指导翻译实践的准绳和衡量译文优劣的尺度。在翻译实践中，对于译者来说有一个可以遵循的准则；而对于译文的质量而言，也就有了一个衡量的尺度。关于翻译的标准，古今中外的翻译家和翻译理论家有过许多的论述。这些有一个共同点，那就是要尽可能忠实、准确地运用恰当的译文语言形式，把原文的思想内容、风格、神韵等再现出来，尽可能使译文读者获得与原文读者同样的感受。

下面简要介绍国内外具有影响力的有关翻译标准的论述。

早在唐代，我国古代佛经翻译家玄奘就是本着"既须求真，又须喻俗"[①]的翻译标准，意即"忠实、通顺"，这一翻译标准直到今天，仍有一定的指导意义。

在19世纪末，清末民初著名的翻译家严复提出了"信、达、雅"的翻译标准，对后世影响极大。"信、达、雅"这一标准是严复在其《天演论》中论述的，主要观点如下：

译事三难：信、达、雅。求其信，已大难矣！顾信矣不达，虽译犹不译也，则达尚焉。……译文取明深义，故词句之间，时有所颠倒附益，不斤斤于字比句次，而意义则不倍本文……

---

① 梁启超.佛学研究十八篇[M].上海：上海古籍出版社，2001.

假令仿此（西文句法）为译，则恐必不可通，则删削取径，又恐意义有漏。此在译者将全文神理，融会于心，则下笔抒词，自善互备。至原文词理本深，难于共喻，则当前后引衬，以显其意。凡此经营，皆以为达，为达即所以为信也。

《易》曰："修辞立诚。"子曰："辞达而已。"又曰："言之无文，行之不远。"三者乃文章正轨，亦即为译事楷模。

故信、达而外，求其而雅。

从以上可以看出，严复在提出信、达、雅的翻译标准时，曾对此做了一些说明。

关于信，严复认为，译文应该抓住全文要旨，对于词句可以有所颠倒增删，只要不失原意，不必斤斤计较词句的对应和顺序。

关于达，严复认为，只信而不达，译了等于没译。只有做到达，才能做到信。要做到达，译者必须首先认真通读全文，做到融会贯通，然后进行翻译。为了表达原意，可以在词句方面做必要的调整和改动。

关于雅，严复认为，译文要雅，否则没有人看。雅是指古雅，要采用汉代以前使用的文言文。

严复的信、达、雅翻译标准，不仅因其简洁凝练、层次分明而震动了当时的翻译界，而且流传至今已逾百年，仍为许多译者所喜爱，可见其生命力。

在20世纪30年代，鲁迅提出了信和顺的翻译标准。鲁迅在《且介亭文集》中指出，凡是翻译，必须力求易解并保存原作的风姿，实际上就是一种在直译、意译完美结合中而获得的信与雅的理想状态。当然，鲁迅比较强调直译，反对归化，倡导译文应具有异国情调，就是所谓的洋气。

林语堂的三条翻译标准为忠实、通顺和美。这是在他为吴曙天编选的《翻译论》（1937年1月，光华书局出版）一书所撰写的序《论翻译》中提出来的。林语堂的"美"的标准显然比"雅"的含义要更广一些，并且更合适一些。

二、西方较有影响力的翻译标准

翻译在西方的发展不仅与社会生活息息相关，而且与翻译理论密切相关。西方翻译理论界对翻译标准的研究也有很多建树，对我国翻译界影响较大的是亚历山大·弗雷泽·泰特勒（英国）、马修·安诺德（英国）和奈达（美国）等学者提出的翻译标准。

（一）泰特勒的翻译标准

18世纪末，英国的翻译理论家、爱丁堡大学的历史教授泰特勒在《论翻译的原则》一书中提出著名的三原则，即译文应完整地再现原文的思想内容；译文的风格、笔调应与原文性质相同；译文应像原文一样流畅自然。①

泰特勒强调的是译文与原文在思想、风格、笔调、行文的一致，而非只注重原文的语言特征。他的观点也许正是现代译论中主张翻译以"信"为本的依据。

---

① 亚历山大·弗雷泽·马修. 论翻译的原则［M］. 北京：外语教学与研究出版社，2007.

（二）阿诺德的翻译标准

在19世纪，英国诗人和批评家阿诺德也主张译者应与原文化而为一，才能产生良好的译文。他发表了《论荷马史诗的翻译》一文，这篇论文是翻译思想史上一篇重要的文章。

（三）奈达的翻译标准

在当代西方的翻译理论家中，美国的奈达主张把翻译的重点放在译文读者的反应上，应当把译文读者对译文的反应和原文读者对原文可能产生的反应进行对比。他认为，翻译的实质就是再现信息，判断译作是否译得正确，必须以译文的服务对象为衡量标准，即必须以译文读者与原文读者对所接收的信息能否做出基本一致的反应为依据。他结合现代信息传递理论，强调译文至少要使读者能够理解，这是翻译最低的标准，因为不能让人看懂的译文，就谈不到忠实。他主张衡量译文质量的标准，不仅仅在于所译的词语能够被理解，句子合乎语法规定，而且在于整个译文使读者产生什么样的反应。要从这个角度来判断翻译的正确性，正确的译文就不止一种了。为了使各种不同水平的读者能正确理解文章内容，就要做出几种不同水平的翻译，因而在词汇和语法结构等方面，就要相应调整译文的难度和风格。因此，奈达主张译出各种不同的供选择的译文，让读者检验译文是否明白易懂，所以一个好的译者总是要考虑对同一句话或一段文章的各种不同的译法。从理论研究角度，这样的主张颇有道理，但在翻译实践中却很难办到。

奈达关于翻译标准的论述被概括为忠实原文、易于理解、形式恰当、吸引读者。他把读者因素纳入翻译标准里，是对翻译标准研究的重大贡献。

第三节　英语翻译的准备与过程

翻译是运用两种语言的复杂过程，它包括正确理解原文和准确运用另一种语言再现原文的思想内容、感情、风格。由于翻译工作的复杂性，适当的准备工作是不可缺少的。通过准备，可以使翻译顺利进行。

一、翻译的准备

翻译应该进行必要的准备，正式动手翻译之前可以做的工作很多，主要精力应放在查询相关资料上，以便能对原作及其作者有大概的了解。同时，为了保证质量和节省时间，还应熟悉整个翻译过程可能使用的工具书和参考书。

（一）了解作者

对于作者，需要弄清楚他的简略生平、生活时代、政治态度、社会背景、创作意图、个人风格。比如，若要翻译一个作家的一篇小说，为了获得有关作者的一些基本信息，可以阅读作者的传记、回忆录，或者别人写的评传，或者研读文学史、百科全书、知识词典。还可阅读用汉语解说的辞书，如中国大百科全书出版社的《中国大百科全书》《辞海》《外国名作家传》，上海辞书出版社的《辞海》（勘补本）《外国历史名人》，中国社会科学出版社的《外国人名辞典》等。

（二）了解相关背景

背景知识是指与作品的创作、传播及内容有关的知识。

二、翻译的过程

翻译是一个十分繁杂的过程，其工作重点是如何准确地理解原文思想，同时又恰当地表达原文意思。换言之，翻译的过程就是译者理解原文，并把这种理解恰当地传递给读者的过程。它由三个相互关联的环节组成，即理解、表达和校改。这三个环节是相互联系、循环往复的统一流程，彼此既不能分开隔断，又不能均衡齐观。

为了讲解方便，我们把翻译过程中的理解、表达、校改三个环节并分别进行简略论述。

（一）理解

1.翻译中理解的特点

首先，翻译中的理解有着鲜明的目的性，即以忠实表达原作的意义并尽可能再现原作的形式美为目的。因此，它要求对作品的理解比一般的阅读中的理解更透彻、更细致。翻译的理解系统从宏观上看，要包括原作产生的社会、历史和文化背景；从微观上看，则要细致到词语的语音甚至词形。从某种意义上来说，以翻译为目的的理解要比以其他为目的的理解所面临的困难要更多。以消遣为目的的理解显然无须去分析作品的风格，更无须每个词都认识。即使以研究为目的的理解也无须面面俱到，只是对所关注的内容（如美学价值、史学价值、科学价值、实用价值等）的理解精度要求高一些。

第二，以翻译为目的的理解采用的思维方式不同于一般的理解。一般的理解，其思维方式大都是单语思维，读汉语作品用汉语进行思维，读英语作品就用英语进行思维。以翻译为目的的理解采用的是双语思维方式，既用源语进行思维，又用目的语进行思维，源语与目的语在译者的大脑里交替出现。

第三，以翻译为目的的理解，表达过程的思维方向遵从的是逆向—顺向模式。一般的抽象思维的方向是从概念系统到语言系统，而阅读理解中的思维则是从语言系统到概念系统，是逆向的。一般的阅读，理解语言的概念系统后，任务便完成了，而翻译则要从这个概念系统出发，建构出另一种语言系统。

第四，理解是翻译过程的第一步，是表达的前提。这是最关键，也是最容易出问题的一个环节。不能准确、透彻地理解原文，就无法谈及表达问题。理解首先要从原文的语言现象入手，其次还要涉及文化背景、逻辑关系和具体语境以及专业知识等。

（二）表达

表达是翻译的第二步，是实现由源语至目的语信息转换的关键。理解是表达的基础，表达是理解的目的和结果。表达好坏取决于对源语的理解程度和译者实际运用和驾驭目的语的能力。

理解准确则为表达奠定了基础，为确保译文的科学性创造了条件。

但理解准确并不意味着一定能翻译出高质量的译文，这是因为翻译还有其艺术性。而翻译的艺术性则依赖于译者的翻译水平、翻译方法和技巧。就翻译水平而言，首先在翻译时要做到遣词造句准确无误。其次还要考虑语体、修辞等因素，切忌随便乱译。

（三）校改

校对和修改译文也是翻译过程中不可缺少的一个环节。翻译得再好，也难免会有疏忽和错漏的地方；即使没有错译或漏译的地方，有些术语、译名、概念以及行文的语气风格也会有前后不一致的情况，必须通过校改使之统一。在文字上，译文还须加以润饰，比如，把表达不够准确的词语改成能够完全传神达意的词语，把逻辑有问题和语句不通顺的句子改好、理顺等；在分段和标点符号的使用上，应按译入语的语言的习惯来进行处理。

具体而言，核对人名、地名、数字和方位等是否有错漏；核对译文中大的翻译单位有无错漏；修正译文中误译或欠妥的翻译单位；校正错误的标点符号；文字润色、统一文体，使译文流畅。校改是理解的进一步深化，通过校改可以深入推敲译文。一般来讲，译文要校改 2~3 遍。第一遍重在核实较小的翻译单位，如词、句，看其是否准确。第二遍着重句群、段落等大的翻译单位并润色文字。第三遍则要过渡到译文的整体，看其语体是否一致，行文是否流畅协调。总之，第一遍和第二遍由微观入手，第三遍则上升到宏观校核。当然，如时间允许，多校对几遍也很有必要。

第四节　翻译技巧

英汉两种语言在选词、造句、谋篇等方面都存在很大的差别，因而进行英汉互译时不能死译、硬译，而是应掌握一定的翻译技巧，这对于提高翻译速度、提升翻译质量与水平有着不可忽视的作用。本节从词汇、句子、语篇三个层面对翻译技巧展开讨论。

一、词汇的翻译技巧

词汇是组织句子和篇章的基本单位，可用来表达丰富的含义。因此，在进行英语词汇的翻译时，必须借助一定的翻译方法与技巧，从而准确传达词汇的真实含义。

（一）词义的选择

一词多义的现象在英汉两种语言中都普遍存在。因此，要想确定传达的词汇的含义，词义的选择就成为翻译过程中必须解决的问题。概括来说，在选择词义时可从以下几个方面入手。

1. 根据词在句中的词性

由于英语具有非常严格的句法，词性成为影响词义的重要因素。因此，翻译时首先应分析句子结构，并据此判断词语的词性，然后再进行词义选择。例如，"save"具有动词、名词、介词三种词性，词性不同，词义也就不同。请看下面的一组句子：

Housewives must find ways to save woolen clothes during the hot summer time.

家庭主妇必须找到方法避免毛料衣物在夏季被虫蛀蚀。

本例中，"save"是动词，意为"避免"。

Proper first aid can save a victim's life, especially if the victim is bleeding heavily.

恰当的急救可以挽救一个受害人的生命，尤其是当这个人大量失血时。

本例中，"save"是动词，意为"挽救"。

"Nice save!"

"干得漂亮！"

本例中，"save"是名词，这种用法多见于球赛中。

He heard no other sound save the tick of his watch.

除了手表的嘀嗒声，他听不到任何别的声音。

本例中，"save"是介词，意为"除了"。

A similar timetable has been adopted in that college save that in the morning there are five periods of classes.

在那个学校一个类似的时间表被采纳了，只是早上有五节课。

本例中，"save"是介词，意为"只是"。

2. 根据上下文的逻辑关系

一般来说,当没有具体的语境时,一个单词的词义常常是游移不定的。但是,当处于特定的语境中,并且受到上下文以及毗邻词汇的制约与影响时,这个单词的含义就可以确定下来。例如:

She is the last person to come.

她是最后来的。

本例中,"last"表现出其基本含义"最后"。

She should be the last (person) to blame.

再怎样也不该怪她。

本例中,"last"意为"责任不在她"。

She is the last person for this job.

她最不配干这份工作。

本例中,"last"意为"没有能力做好某件事"。

This is the last place where I expected to meet you.

我怎么也没料到会在这个地方见到你。

本例中,"last"意为"想不到会在某个地方见到某人"。

3. 根据搭配关系

当一个单词与其他不同的单词进行搭配时,其含义也常常发生变化。例如:

raise vegetables 种植蔬菜

raise the dead 使人起死回生

raise fears 引起恐惧

raise an embargo 解除禁运

raise a monument 竖立一座丰碑

raise a fleet 集结一支舰队

raise a family 养家糊口

4.根据不同的专业领域

有时候,同一个单词应用于不同的专业领域时,其含义也会发生变化。例如,"default"一词的本义是"拖欠、未履行"。但是,当应用于法律范畴时,其含义是"被要求出席时未到席",如"make a default"(未出庭);当应用于计算机领域时,其含义是"由操作系统自动指定并持续有效的特定值",即"缺省",如"default share"(缺省共享)。英语中的类似例子还有很多,示例如下:

power

普通词义:力量

电子学:电力

机械:动力

物理:功率

体育:爆发力

element

普通词义:因素;要素

机械:零件;构件;部件

无线电：元件；器件

通信：电码

计算机：单元；基元

数学：元；素；诸元

化学：元素；成分

气象：自然力；风雨

carrier

普通词义：运送者

医学：带菌体

机床：刀架

军事：航空母舰

计算机：媒体

航空：运输机

无线电：运载火箭

航天：载波

半导体：载流子

集成电路：载体

（二）词义的引申

英汉语言中的词汇，其含义并不总是完全对应的。若直译、硬译，必然使译文词不达意、晦涩难懂。此时，应采取较为灵活的手法，从其本义出发，并结合其他因素来进行适当引申，这样不仅可以有效传达原文含义，还可使译文更加流畅自然。

1. 词义引申

一般来说，一个单词的含义可分为两种：原始义与引申义。原始义又称直接义，是该单词的基本含义。将原始义与具体语境有机结合在一起，可引申出许多新的意义，这些新的意义就称为引申义。可见，引申义以其原义为基础，但又略有变化与发展。例如：

These resolutions are no more pious wishes and are still-born.

这些决议只不过是一些虔诚的愿望而已，其墨迹未干就失效了。

本例中，still-born 的本义是"出生后即死亡"，此处引申为"墨迹未干"。

The general's estimate of Hitler was cold-blooded and honest.

将军对希特勒的评价是客观的。

本例中，cold-blooded 的本义是"冷血的"，此处引申为"客观的"。

We are eager to benefit from your curiosity.

殷切希望从你们的探索精神中获益。

本例中，curiosity 的本义是"好奇心"，此处引申为"探索精神"。

2. 概念引申

从单词的基本概念入手来进行引申，可以揭示单词的本质含义，从而准确地传达原文的内涵。一般来说，概念引申包括以下两种情况：

（1）具体概念抽象化

当英语中使用某个具体的词汇来表达具有同一概念、属性或类别的事物时，在翻译的过程中可对其进行抽象化处理，以帮助读者理解原文的深层含义。例如：

They have their smiles and tears.

他们有他们的欢乐与悲哀。

本例中，"smiles and tears"被引申为"欢乐与悲哀"。

During the 1970s, he was an embryo teacher, but he was very confident.

20世纪70年代，他还是一个初出茅庐的外语教师，但是他却非常自信。

本例中，"embryo"的本义是"胚胎"，此处被引申为"初出茅庐"。

There is a mixture of the tiger and the ape in the character of the imperialists.

帝国主义者的性格既残暴又狡猾。

本例中，"tiger"与"ape"原指两种动物，此处被引申为"既残暴又狡猾"。

（2）抽象概念具体化

在某些情况下，英语在表达具体的意义、动作时常使用较为抽象的词汇，这些抽象词汇的含义较为宽泛、笼统，不利于目的语读者的理解，因而应将其译为清晰、具体的词汇。例如：

A wide variety of tools are available commercially.

在市场上可以买到种类繁多的工具。

本例中，commercially的本义是"商业上地"，此处被引申为"买到"。

Under those conditions, all international morality or international laws become impossible.

在这种情况下,一切国际道义和国际公法都失去了作用。

本例中,"impossible"的本义是"不可能的",此处被引申为"失去了作用"。

A beautiful enough girl, but nothing upstairs.

小姑娘的确漂亮,但是脑子却是一张白纸。

本例中,"upstairs"的本义是"在楼上""在高空",此处被引申为"在头脑里"。

3. 逻辑引申

在表述同一意义时,英语与汉语由于内在逻辑的差异而常常采取不同的方式。因此,翻译时必须分析原文的隐含逻辑链条,将其文字背后的内容挖掘出来,这样才能最大限度地降低目的语读者的理解难度,并使译文更加顺畅。例如:

Previously, if I had been really interested in a book, I would race from page to page, eager to know what came next.Now, I decided, I had to become a miser with words and stretch every sentence like a poor man spending his last dollar.

在那以前,我要是对一本书真感兴趣,我往往一页一页拼命往下翻,急于知道下文的内容。现在我决定要像守财奴那样不轻易放过词汇;也要像穷人过日子,把每一个句子当作身边最后一块钱,省吃俭用,慢慢花费。

本例中,"a miser with words"被引申为"不轻易放过","stretch every sentence like a poor man spending his last dollar"被引申为"省吃俭用"。

If they could not see the Winter Palace with their own eyes, they could dream about it as if in the gloaming they saw a breath-taking masterpiece of art as they had never known before—as if above the horizon of European civilization was towering the silhouette of Asian Civilization.

如果他们不能目睹圆明园的风姿,那么他们也能在梦幻中身临其境:他们仿佛在冥冥之中见到一件令人叹为观止的艺术杰作,宛如在欧洲文明的大地上巍然展现出一幅亚洲文明的剪影。

本例中,"in the gloaming"被引申为"在冥冥之中","a breath-taking masterpiece"被引申为"令人叹为观止的艺术杰作","…was towering"被引申为"巍然展现"。

不难发现,上述译文补充了原文中的弦外之音,既丰富了原文的内涵,又使译文生动鲜活。

4. 形象引申

英汉语言中的某些表达方式源于各自不同的生活背景,某些词汇的形象意义也并非一一对应。因此,有些词汇对母语读者来说很容易理解,而对非母语读者来说则很难理解。因此,对其进行灵活的变化与引申就显得非常必要。例如:

I am only a small potato in this office.

我在这个办公室里只是个小人物。

本例中,"small potato"的字面意义是"小土豆",此处被引申为"小人物"。

See-sawing between partly good and faintly ominous, the news for the next four weeks was never distinct.

在那以后的四个星期内,消息时而部分有所好转,时而又有点不妙,两种情况不断地交替出现,一直没有明朗化。

本例中,"see-sawing"的本义是"玩跷跷板",此处被引申为"两种情况不断地交替出现"。

Every life has its roses and thorns.

每个人的生活都有酸甜苦辣。

本例中,"roses"与"thorns"的本义分别是"玫瑰"与"荆棘",此处被引申为"甜蜜"与"痛苦"。

通过上面的例子可以看出,经过引申后,译文的内涵更加丰富。

5. 典故引申

典故具有丰富的表现力,不仅言简意赅,还常常包含着丰富的历史文化内涵,可以说是语言中的精华。在翻译这些典故词汇时,往往需要通过引申来引导目的语读者进行更深层次的理解。例如:

This summer vacation, I had a quixotic adventure on the railroad trip.

今年暑假我乘火车旅行,有一次匡扶正义、保护弱小的经历。

本例中,"quixotic"一词源于西班牙小说家塞万提斯笔下的唐·吉诃德(Don Quixote)这一人物。唐·吉诃德以保护弱小、匡扶正义为己任,是西方文化中妇孺皆知的人物。译文只保留该词的一般意义,从而帮助目的语读者理解。

有时,根据具体语境的不同,可保留同一典故的内涵而将其译为不同的表达方式。例如:

She is considered as Helen of Troy in her class.

她被认为是班里最漂亮的。

It is unfair that historians always attribute the fall of kingdoms to Helen of Troy.

历史学家总是把王国的倾覆归于红颜祸水,这是不公平的。

Mother didn't think of the nice looking car bought the day before should become a Helen of Troy in her family. Because of this her daughter and her quarreled for a long time.

母亲没有料到前一天买的那辆漂亮的小轿车竟成了祸端,她和女儿为此吵了很久。

在古希腊神话故事中,Helen 是一位绝世美女,由于对她的争夺而发生了著名的特洛伊战争。因此,英语中的"Helen"就相当于中国历史上的"褒姒"。这一典故在上面三个句子中分别被译为"最漂亮的女人""红颜祸水"和"祸端"。

(三)词性的转换

由于句子结构与表达方式的不同,英汉两种语言中的词性很难一一对应。此时,只有对词性进行适当转换,才能忠实传递原文的含义。

1. 转换为动词

同英语相比,汉语使用动词的频率更高。因此,为使翻译的语言符合读者的阅读习惯,可将英语中的其他词性(如名词、形容词、副词、介词)转换为汉语中的动词。例如:

International trade is the exchange of goods and services produced in one country for goods and services produced in another.

国际贸易就是将一个国家生产的商品和提供的服务与另一个国家生产的商品和提供的服务进行交换。(名词转换为动词)

Talking with his young neighbor, the old man was the forgiver of the young man's past wrong doings.

在和年轻的邻居谈话时,老人宽恕了年轻人过去的过失。(名词转换为动词)

It's impossible to live in a society and be independent of society.

生于社会,不能脱离社会。(形容词转换为动词)

A successful scientist must be a good observer.

一个成功的科学家一定善于观察。(形容词转换为动词)

Then, suddenly, all of the young people were up out of their seat, screaming and shouting.

突然，所有年轻人都尖叫着，呼喊着，从座位上站了起来。（副词转换为动词）

Why should we let foreign goods in when the Americans walk along the streets because they can't sell their own goods?

在美国人推销不出去自己的商品而失业的时候，我们为什么还要进口外国货呢？（副词转换为动词）

Downstairs, then, they went, Joseph very red and blushing, Rebecca very modest, and holding her green eyes downwards. She was dressed in white with bare shoulders as white as snow—the picture of youth, unprotected innocence, and humble virgin simplicity.

他们一路下楼，约瑟夫涨红了脸，丽贝卡举止端庄，一双绿眼望着地下，她穿了一件白衣服，露出雪白的肩膀，年纪轻轻，越发显得天真烂漫，活脱是一个娴静又纯洁的小姑娘。（介词转换为动词）

An error by the Royal Mint in Britain has seen the issue of tens of thousands of "dateless" 20 pence coins—driving their value up to 50 pounds（60 euros，80 dollars）each, a collector said Monday.

一名收藏者于本周一称，英国皇家铸币局近日酿成大错，数万枚20便士硬币被漏印铸造时间，这导致错币的身价飙升至每枚50英镑（合60欧元或80美元）。（介词转换为动词）

2. 转换为名词

英语中的动词、形容词、副词等可在翻译时转换为汉语名词。例如：

As the war progressed, he would symbolize their frustrations, the embodiment of all evils.

随着战争的进行,他就成了他们受挫的象征,成了一切邪恶的化身。(动词转换为名词)

We were most impressed by the fact that even those patients who were not told of the illness were quite aware of its potential outcome.

给我们留下极深印象的是,即便没有被告知病情,那些病人对其疾病的潜在后果也非常清楚。(动词转换为名词)

He had deep sympathy for the insulted and the injured.

他对受侮辱的人和受伤害的人有深厚的同情心。(形容词转换为名词)

The true, the good and the beautiful always exist in comparison with the false, the evil and the ugly, and grow in struggle with the latter.

真、善、美总是在同假、恶、丑相比较而存在,相斗争而发展。(形容词转换为名词)

He is physically weak but mentally sound.

他身体虽弱,但思想健康。(副词转换为名词)

Specialization enables one country to produce some goods more cheaply than another country.

专业化能使一个国家生产的产品比别的国家生产的便宜。(副词转换为名词)

3. 转换为形容词

英语中的名词与副词可在翻译时转换为汉语中的形容词。例如：

I am deeply impressed by the beauty of the Summer Palace.

美丽的颐和园给我留下了深刻的印象。（名词转换为形容词）

As he is a perfect stranger in the city, I hope you will give him the necessary help.

他对这座城市是完全陌生的，所以我希望你能给他必要的帮助。（名词转换为形容词）

The sun affects tremendously both the mind and body of a man.

太阳对人的身体和精神都有极大的影响。（副词转换为形容词）

She chirped, blinking her eyes happily.

她叽叽喳喳地叫着，两眼闪着快乐的光芒。（副词转换为形容词）

4. 转换为副词

英语中的名词、动词、形容词等可在翻译时转换为汉语中的副词。例如：

The new mayor earned some appreciation by the courtesy of coming to visit the city poor.

新市长又有礼貌地来看望城市贫民，获得了人们的一些好感。（名词转换为副词）

It is our great pleasure to note that China has made great progress in economy.

我们很高兴看到,中国的经济已经有了很大的发展。(名词转换为副词)

The influence that this genius has had on science continues at the 100th anniversary of his birth.

这位天才在诞生一百周年时还在影响着科学的发展。(动词转换为副词)

I succeeded in persuading him.

我成功地说服了他。(动词转换为副词)

The pictures give a visual representation of the situation.

这些图片直观地展示了当时的情景。(形容词转换为副词)

二、句子的翻译技巧

英汉两种语言在句法结构上的一个重要差别是从句的使用。具体来说,当一套主谓结构在另一套主谓结构中充当一个成分时,充当成分的主谓结构就是从句,且充当什么成分就被称为什么从句。由于从句的使用较为频繁,因而英语中常出现一些结构复杂的长句,为翻译带来不小的障碍。下面就对从句和长句的翻译技巧展开讨论。

(一)从句的翻译

1. 定语从句的翻译

(1)限制性定语从句的翻译

限制性定语从句与先行词之间不使用逗号,二者的修饰关系较为密切。翻译限制性定语从句时，可采取以下几种方法。

①前置法

汉语常将修饰语放于被修饰语之前，并采用"……的……"这种形式。当限制性定语从句的结构较为简单时，可以采取前置法，将其译为带"的"字的定语词组并置于被修饰语之前，从而使译文符合汉语的表达习惯。例如：

The early lessons I learned about overcoming obstacles also gave me the confidence to chart my own course.

我早年学到的克服重重障碍的经验教训也给了我规划自己人生旅程的信心。

The few points which the president stressed in his report are very important indeed.

院长在报告中强调的几点的确很重要。

②后置法

当限制性定语从句的结构较为复杂，无法采用前置法时，可将其置于被修饰语之后，并译为并列分句，具体如下：

第一，对先行词进行重复。例如：

Man possesses an expressive faculty that goes far beyond gestures, that allows and even compels him to express his thoughts, feelings, dreams and intuitions.

人类具有远远超过手势的表达能力，这种能力不仅能够而且迫使他要把思想、感情、梦幻、直觉表达出来。

She will ask her friend to take her son to Shanghai where she has some relatives.

她将请朋友把她的儿子带到上海,在上海她有些亲戚。

第二,将先行词予以省略。例如:

He managed to raise a crop of 200 miracle pumpkins that weighed up to fifteen pounds each.

他居然种出了200个奇迹般的南瓜,每个重达15磅。

He was a unique manager because he had several waiters who had followed him around from restaurant to restaurant.

他是个与众不同的经理,有几个服务员一直跟随着他从一家餐馆跳槽到另一家餐馆。

③融合法

所谓融合法,就是将原句中的主句与限制性定语从句进行融合,并将它们合译为一个独立的句子。例如:

In our factory, there are many people who are much interested in the new invention.

在我们工厂里,许多人对这项新发明很感兴趣。

(2)非限制性定语从句的翻译

非限制性定语从句与先行词之间常用逗号隔开,且非限制性定语从句只对先行词进行补充说明,二者的修饰关系不是十分紧密。非限制性定语从句的翻译主要有以下几种方法:

①前置法

当非限制性定语从句具有描写性,且结构相对简单时,可将其译为"……的"结构并置于被修饰语之前。例如:

He likes his sister,who is warm and pleasant,but he does not like his brother, who is aloof and arrogant.

他喜欢热情快乐的妹妹,但不喜欢冷漠高傲的哥哥。

Mary,whose composition is read by the teacher, is a top student in our class.

作文被老师朗读的玛丽是我们班的尖子生。

②后置法

当非限制性定语从句的结构较为复杂时,可将其译为独立分句或并列分句。

第一,译成独立分句。例如:

I was quite surprised to receive a long handwritten response from him, in which he thanked me for taking the time to write and encouraged me to follow my dreams.

我意外地收到他的一封很长的亲笔回信,他在信中感谢我抽出时间给他写信,还鼓励我去追求自己的梦想。

He had talked to Vice-President Nixon, who assured him that everything that could be done would be done.

他和副总统尼克松谈过话,副总统向他保证,凡是能够做到的他将竭尽全力去做好。

第二，译成并列分句。例如：

She studied hard at school when she was young, which contributed to her success in later life.

她年轻时学习很用功，这一点有助于她后来人生的成功。

Kissinger and his small group of aides toured the Forbidden City, where the Chinese emperors had once lived in lofty splendor.

基辛格和他的一小组随从参观了故宫，从前的中国皇帝曾在此过着奢华显赫的生活。

2. 名词性从句的翻译

英语中的名词性从句主要包括主语从句、宾语从句、表语从句以及同位语从句等。下面具体分析其翻译方法。

（1）主语从句的翻译

第一，当主语从句由 what、whoever、whatever 等代词来引导时，可遵循原文的表述顺序进行翻译。例如：

He would remind people again that it was decided not only by himself but by lots of others.

他再次提醒大家说，决定这件事的不止他一个人，还有其他许多人。

Whatever he saw and heard on his trip gave him a very deep impression.

他此行的所见所闻给他留下了深刻的印象。

第二，当主语从句由 it 充当形式主语时，可根据原句的具体情况来灵活摆放其在译文中的位置。例如：

I take it for granted that you will come and talk the matter over with him.

我想你会来跟他谈这件事情的。

It was obvious that I had become the pawn in some sort of top-level power play.

很明显，某些高级官员在玩弄权术，而我却成了他们的工具。

（2）宾语从句的翻译

第一，当宾语从句由 what、that、how 等引导时，可遵循原句的顺序来进行翻译。例如：

Can you hear what I say?

你能听到我所讲的话吗？

If you are interested in our proposal, we should be glad to know on what terms you would be willing to conclude an agreement.

如果贵方对我方的提议感兴趣，我方想知道贵方的签约条件。

第二，当原句使用 it 充当形式宾语时，在译文中应将 it 省略，并对宾语从句的位置灵活处理。例如：

I made it clear to them that they must hand in their term papers before this Friday.

我向他们讲清楚了，他们必须在本周五前交学期论文。

（3）表语从句的翻译

表语从句的翻译一般采取顺译法，即按照原文的顺序进行翻译。例如：

The question is whether he has signed the contract.

问题是他是否已经在合同上签了字。

This is what he is eager to do.

这就是他所渴望做的事情。

（4）同位语从句的翻译

英语中的同位语从句常用来对句中的名词、代词进行解释说明。对同位语从句进行翻译时，不必采取固定的方法，而应结合具体的语境来进行灵活处理。具体来说，既可将从句提前，也可保留从句在原文中的位置，还可通过增加"即"、冒号、破折号等来使译文符合汉语表达习惯。例如：

An obedient son, I had accepted my father's decision that I was to be a doctor, though the prospect interested me not at all.

作为一个孝顺的儿子，我接受了父亲的决定，即让我当医生，虽然我对这样的前途毫无兴趣。

"Influenced by these ethics, Powers lived under the delusion that money does money stink…"

"受了这种道德观念的熏陶，鲍尔斯生活在一种错觉中：以为金钱总是香喷喷的……"

And there was the possibility that a small electrical spark might accidentally bypass the most carefully planned circuit.

而且总有这种可能性——小小的电火花，可能会意外地绕过了最为精心设计的线路。

3. 状语从句的翻译

（1）时间状语从句的翻译

由 when 引导的时间状语从句在英语中较为典型，下面对其进行具体分析。

第一，译为表示时间的分句。例如：

When he left school at fourteen, he began to train as an engineer.

当他14岁离开学校时，他开始被训练做个工程师。

第二，译为"每当……""每逢……"结构。例如：

When the baby sees the picture of the monster, he bursts into tears.

每当这个孩子看到怪兽的图片时，他都会哭。

第三，译为"刚……就……""一……就……"结构。例如：

Hardly had we arrived when it began to snow.

我们一到就下雪了。

第四，译为"在……之前""在……之后"结构。例如：

When the firemen got there, the fire in their factory had already been poured out.

在消防队员赶到之前，他们厂里的火已被扑灭了。

第五，译为并列句。例如：

She gazed at him, with a curious expression of dislike and distrust as he silently turned away.

她瞪着他，显出一种厌恶又怀疑的难以形容的表情，这时他只好默默地转过身去。

第六，译为条件复句。例如：

When you have driven Jaguar once, you won't want to drive another car.

只要你开过一次捷豹牌汽车，你就不会再想开其他牌子的汽车了。

（2）条件状语从句的翻译

第一，译为表"假设"的分句。例如：

If an employee was having a bad day, Bob was there telling the employee how to look on the positive side of the situation.

如果某个雇员遇到不开心的事，鲍伯就会告诉他如何去看事情积极的一面。

第二，译为表"条件"的分句。例如：

If you tell me about it, then I shall be able to decide.

如果你告诉我实情，那么我就能做出决定。

第三，译为"补充说明"的分句。例如：

"You'll have some money by then, that is, if you last the week out, you fool."

"到那时你该有点钱了——就是说，如果你能熬过这个星期的话，小子。"

（3）原因状语从句的翻译

第一，译为因果偏正句的主句。例如：

Because the young man used to visit Mary's office, he was considered as Mary's boyfriend.

这个小伙子经常到玛丽的办公室，所以别人都认为他是玛丽的男朋友。

第二,译为表原因的分句。例如:

The book is unsatisfactory in that it lacks a good index.

这本书不能令人满意的地方就在于缺少一个完善的索引。

(4)目的状语从句的翻译

第一,译为表"目的"的前置分句。例如:

He pushed open the door gently and stole out of the room for fear that he should awake her.

为了不惊醒她,他轻轻推开房门,悄悄溜了出去。

第二,译为表"目的"的后置分句。例如:

Man does not live that he may eat, but eats that he may live.

人生存不是为了吃饭,但吃饭是为了生存。

(二)长句的翻译

英语中的长句常常包含多层逻辑关系,从而使句子结构较为复杂。因此,翻译时不仅要逐层梳理句子间的关系,还应摆脱句子结构的限制,将思想与观点准确传递出来。概括来说,长句的翻译可采取顺译法、逆译法、分译法及综合法。

1. 顺译法

当英语长句遵循时间先后顺序或者逻辑关系来组织信息时,这种表述方式与汉语基本一致,因而可按照英语长句的表述顺序进行翻译,而不必对其进行调整。例如:

Prior to the twentieth century, women in novels were stereotypes of lacking any features that made them unique individuals and were also subject to numerous restrictions imposed by the male-dominated culture.

在20世纪以前,小说中的妇女好像都是一个模式。她们没有任何特点,因而无法成为具有个性的人;她们还要屈从于由男性主宰的文化传统强加给她们的种种束缚。

If she had long lost the blue-eyed, flower-like charm, the cool slim purity of face and form, the apple-blossom coloring which had so swiftly and oddly affected Ashurst twenty-six years ago, she was still at forty-three a comely and faithful companion, whose cheeks were family mottled, and whose grey-blue eyes had acquired a certain fullness.

如果说她早已失掉了她脸上和身段的那种玉洁冰清、苗条多姿的气质和那苹果花似的颜色——26年前这种花容月貌曾那样迅速而奇妙地影响过艾舍斯特——那么在43岁的今天,她依旧是一个好看而忠实的伴侣,不过两颊淡淡的,有点儿斑驳,而灰蓝的眼睛也已经有点儿饱满了。

2. 逆译法

由于表达习惯的不同,英语有时采取与汉语差别很大甚至完全相反的顺序来进行表述。此时,应采取逆译法,即从原文的结尾处起步,并按照与原文表述顺序相逆的方向来进行。例如:

They (the poor) are the first to experience technological progress as a curse which destroys the old muscle-power jobs that previous generations used as a means to fight their way out of poverty.

对于以往几代人来说，旧式的体力劳动是一种用以摆脱贫困的手段，而技术的进步则摧毁了穷人赖以为生的体力劳动，因此首先体验到技术进步之害的是穷人。

A great number of graduate students were driven into the intellectual slum when in the United States the intellectual poor became the classic poor, the poor under the rather romantic guise of the beat generation, a real phenomenon in the late fifties.

50年代后期的美国出现了一个任何人都不可能视而不见的现象，穷知识分子以"垮掉的一代"这种颇为浪漫的姿态出现而成为美国典型的穷人，正是这个时候大批大学生被赶进了知识分子的贫民窟。

3. 分译法

分译法又称"拆译法"，是指将英语句子的成分进行拆分，并分别进行翻译与处理的方法。这是由于英汉的句法结构存在较大差异，将句子拆成较小的部分之后，根据译入语的习惯将其置于不同位置或改变其排列顺序，对于目的语读者的理解大有裨益。例如：

What can easily be seen in his poems are his imagery and originality, power and range.

他的诗作形象生动，独具一格，而且气势磅礴、题材广泛。这是显而易见的。

The real challenge is how to create systems with many components that can work together and change, merging the physical world with the digital world.

我们所面临的真正挑战是如何建立这样一些系统,它们虽由很多成分组成,但可互相兼容,交换使用,从而把物质世界与数字世界融为一体。

While the present century in its teens, and on one sunshiny morning in June, there drove up to the great iron gate of Miss Pinkerton's academy for young ladies, on Chiswick Mall, a large family coach with two fat horses in blazing harness, driven by a fat coachman in a three-cornered hat and wig, at the rate of four miles an hour.

(当时)这个世纪刚过了十几年。在6月的一天早上,天气晴朗,奇西克林荫道上平克顿女子学校的大铁门前面来了一辆宽敞的私人马车。拉车的两匹肥马套着雪亮的马具,一个肥胖的车夫戴了假发和三角帽子,以每小时4英里的速度在行驶。

Television, it is often said, keeps one informed about current events, allows one to follow the latest developments in science and politics, and offers an endless series of programs which are both instructive and entertaining.

人们常说,通过电视可以了解时事,掌握科学和政治的最新动态。从电视里还可以看到层出不穷的,既有教育意义又有娱乐性的新节目。

4. 综合法

英语长句的结构错综复杂,因此不能单纯地使用某一种翻译方法,而应将多种方法有机结合起来,将各种翻译方法的优势充分发挥出来,从而使译出的译文更加准确、流畅、自然。例如：

People were afraid to leave their houses, for although the police had been ordered to stand by in case of emergency, they were just as confused and helpless as anybody else.

尽管警察已接到命令，要做好准备以应付紧急情况，但人们不敢出门，因为警察也和其他人一样不知所措和无能为力。

But Rebecca was a young lady of too much resolution and energy of character to permit herself much useless and unseemly sorrow for the irrevocable past; so having devoted only the proper portion of regret to it, she wisely turned her whole attention towards the future, which was now vastly more important to her. And she surveyed her position, and its hopes, doubts and chances.

幸而利倍加意志坚决，性格刚强，觉得往日不可追，白白的烦恼一点儿也没有用，叫别人看着反而不雅，因此恨恨了一阵便算了。她很聪明地用全副精神来盘算将来的事，因为未来总比过去要紧得多。她估计自己的处境，有多少希望、多少机会、多少疑难。

三、语篇的翻译技巧

所谓语篇，是指具有一定长度与交际目的，且语义完整、逻辑连贯的段落，具有口语和书面语两种表现形式。语篇是翻译效果的最终体现方式，因而语篇翻译在翻译实践过程中具有重要的意义。概括来说，语篇的翻译可从衔接与连贯两个方面入手。

（一）语篇的衔接

"衔接"这一概念最早由韩礼德提出，是语篇翻译中的一个重要环节。韩礼德认为，衔接就是语篇内部的各种语义关系，这些语义关系使不同的信息组成一个语篇。①衔接的优劣对于读者是否可以理解、接受语篇中的信息、观点、主题等具有决定性的影响。

通过语篇衔接手段的有效运用，可在一段话中的各个部分之间建立语法、逻辑联系。在《功能语法导论》②中，韩礼德提出了以下五种衔接方式。

1. 照应衔接

照应衔接表示某一语篇中一个成分和另一个成分之间存在着关联，是最明显的一种衔接手段。换句话说，照应就是语篇中的一个语言成分与另一个语言成分互为解释。例如：

Readers look for the topics of sentence to tell them what a whole passages is "about", if they feel that its sequence of topics focuses on a limited set of related topic, then they will feel they are moving through that passage from cumulatively coherent point of view.

只有确定 they 的所指对象，即与 they 形成照应的的词语，才能确定 they 的具体含义。本例中，they 与 readers 构成照应关系。

---

① 韩礼德，韩茹凯. 语言、语境和语篇：社会符号学视角下的语言面面观［M］. 北京：世界图书北京出版公司，2012.

② 韩礼德. 功能语法导论［M］. 彭宜维，赵秀凤，张征，等，译. 2版. 北京：外语教学与研究出版社，2010.

2. 替代衔接

替代衔接是指语篇中用代词或动词来替换不想重复的部分。概括来说，替代可以分为名词性替代、动词性替代和分句性替代。例如：

Jane needs a new bicycle. She's decided to buy one.

（名词性替代：one 替代 a new bicycle）

He never goes to bar at night, nor do his colleagues.

（动词性替代：do 替代 goes to bar at night）

People believe that Jane will win the first prize in the English Competition. John thinks so, but I believe not.（分句性替代：so 与 not 替代 Jane will win the first prize in the English Competition）

3. 省略衔接

省略衔接是指将语篇中的某一个或几个成分予以省略，这些被省略的成分可以在上下文中找到。省略也可以分为名词性省略、动词性省略和分句性省略三种类别。例如：

Jack was apparently indignant, and （ ） left the room at one.

（名词性省略，省略主语 he）

Reading makes a full man; conference （ ） a ready man; writing （ ） an exact man.

（动词性省略，省略动词 makes）

A：What does she mean by saying that?

B：I don't know for sure.

（分句性省略，know 后面省略了 what she means by saying that）

4. 关联衔接

关联衔接是指通过关联词或关联结构来实现语意上的衔接，韩礼德将英语的连接词语按其功能分为四种类型：

第一，时序，用于表示事件发生的先后顺序，如 next、then、form-erly、in the end。

第二，添加、递进，用于增加或补充信息，如 and、also、furthermore、besides、in addition、what is more。

第三，因果，用于阐明原因与结果的关系，如 since、because、for、as、consequently、for this reason。

第四，转折，用于表示前后句意完全相反，如 however、but、conversely、on the other hand 等。

5. 词汇衔接

词汇衔接是指语篇中的某些词汇之间存在语义上的联系，这种联系包括两种，即复现关系和同现关系。

在进行英语语篇的翻译时，首先要对语篇中使用的衔接手段有较准确的把握，从而梳理语篇的内在逻辑关系。然后将句子与句子、段落与段落按照逻辑组织起来，并根据译入语的表达习惯进行相应的转换。例如：

On the surface, many marriages seem to break up because of a "third party".This is, however, a psychological illusion.The other woman or the other man merely serves as a pretext for dissolving a marriage that had already lost its essential integrity.

从表面上看，许多婚姻好像毁在"第三者"手里。然而，这只是一种心理幻觉。第三者不过是一个表象，它瓦解了一个早就失却了其内在完整性的婚姻而已。

Efforts on the part of the developing nations are certainly required. So is a reordering of priorities to give agriculture the first call on national resources.

发展中国家做出努力当然是必需的。调整重点，让国家的资源首先满足农业的需要，这当然也是必需的。

Without a steady supply of fresh blood, without the oxygen it carries, the human brain is quickly impaired.In four minutes, brain cells, starved for oxygen, begin to die and serious brain damage results.In another few minutes, the brain is completely destroyed.

This was the crux of a stubborn problem.The heart could not be taken out of action for more than four minutes—very little time to repair a heart defect.Until a solution could be found, operation on the open heart would be impossible.

人脑如果得不到稳定的新鲜血液，得不到血液中的氧，很快就会受到损伤。大脑细胞缺氧四分钟后就会死亡，导致严重的脑损伤；再过几分钟，大脑就将彻底损坏。

心脏停止跳动亦不能超过四分钟——用这点时间来修补心脏缺陷是远远

不够的。问题难就难在这里。不解决这个问题,就不可能打开心脏进行手术。

Quietly, so as not to disturb the child's mother, he rose from the bed and inched toward the cradle.Reaching down, he gently lifted the warm bundle to his shoulder.Then, he tiptoed from the bedroom, she lifted her head, opened her eyes and—daily dose of magic—smiled up at her dad.

他不想弄醒熟睡的妻子,小心翼翼地下了地,一步一步慢慢走到女儿的小床边,弯下腰来,伸出双手轻轻地连女儿带包被一起抱了起来,贴在自己的胸前,踮着脚尖走出了卧室。怀中的女儿抬了抬头,睁开睡眼,咧开小嘴冲他朦胧地一笑。女儿的笑打动着他这颗当父亲的心,天天如此。

(二)语篇的连贯

衔接主要以词汇、语法等有形手段来实现语篇内在的清晰、贯通。与此不同,连贯不使用这种较为明显的手段,而是利用交际双方所共同了解的背景以及必要的逻辑推理来实现语义的顺畅。可见,连贯是语篇内部的一张无形的网络。

由于语篇的连贯具有高度的抽象性,译者必须对表面上相互独立的语句进行深入剖析,挖掘出其内在的关系,才能忠实、完整地传达原作的题旨和功能。例如:

The chess board is the world, the pieces are the phenomena of the universe, the rules of the game are what we call the laws of nature. The player on the other side is hidden from us.We know that his play is always fair, just, and patient.But we also know, to our cost, that he never overlooks a mistake, or makes the smallest allowance for ignorance.

世界是盘棋，万物就是棋子。弈棋规则即所谓的自然规律，我们的对手隐蔽不见。我们知道他下棋总是合理、公正、有耐心。但输了棋后我们才知道，他从不放过任何误棋，也决不原谅任何无知。

I wrestled with my own resolution: I wanted to be weak that I might avoid the awful passage of further suffering I saw laid out for me…

我和我自己的决心搏斗着：我要成为软弱的人，这样我就可以避免去走那条要我受更多苦难的可怕的路，我看到这条路就摆在面前……

Bertha Manson is mad, and she came of a mad family—idiots and maniacs through three generations!Her mother, the Creole, was both a mad woman and drunkard!As I found out after I had wed the daughter：for they were silent on family secrets before. Bertha, like a dutiful child, copied her parent in both points.

伯莎·梅森是个疯子，她出身于一个疯子家庭，三代都是白痴和疯子。在我娶她之前，他们家对这个秘密一直是守口如瓶。结婚以后我才发现，她的母亲，那个克里奥耳人，原来既是一个疯女人又是一个酒鬼！伯莎像个孝顺的孩子，在这两点上和母亲一模一样。

By a simple process, the scientists extract from the leaves of the plant a compound called podophyllotoxin, which is used in the cancer drug etoposide.The main source of the compound to date has been from the root stem of an Asian plant similar to the Mayapple, but taking it kills the plant and has resulted in its near extinction.By using the leaves, it's not necessary to kill the plant.

科学家们用一种简单的工艺从这种植物的叶子提取一种叫作鬼臼毒素的化合物，用它制成磷酸依托泊苷抗癌的药物。迄今为止，这种化合物主要来源于一种与鬼臼果类似的亚洲植物的根茎，但取出根茎，植物就会死亡，导致该植物近乎灭绝。只用叶子，就可避免此后果。

第五节　英汉翻译中的文化对比概述

在英汉翻译研究中，关于文化对比研究这一要素的探讨主要是通过文化对比的方法探索英汉翻译的客观规律和普遍性，并为英汉翻译提供科学的依据。英汉翻译中的文化对比主要是对语言中文化因素的对比以及对语言转换产生影响的语言外文化因素的对比。总之，对英汉翻译中的文化对比问题进行探讨有着非常重要的作用和意义。本节主要围绕文化对比对翻译的影响、文化对比下翻译的原则及策略进行研究和分析。

一、文化对比对翻译的影响

作为翻译工作者，在具体的翻译实践中，首先应对翻译所涉及的两种语言有足够的理解和把握，而要想对语言有更好的掌握和认识，深入了解两种语言所涉及的社会文化也非常关键。翻译工作者不仅应对两种语言所涉及的文化有足够的认知,还应加强对这两种不同文化的对比。强化对两种不同文化的对比对翻译有着重要的影响作用和意义。

(一) 物质文化对比对翻译的影响

中西方国家的人们生活在不同的地方,他们所创造出来的所有物质产品都是文化的物质载体。我们经常提及的衣、食、住、行就属于物质文化的重要构成部分。这些物质文化是不同民族的物质基础和思想观念等在人们生活层面的直接、真实的反映。只有对这些物质文化进行对比,才能加深不同民族文化间的沟通与理解,并对翻译有着非常重要的影响作用。下面一些例子是一些典型的汉语中物质文化的英译和一些独具特色的英语物质文化的汉译。

唐装 Tang suit

旗袍 cheongsam

炒杂碎 chop suey

Hot dog 热狗

Salad 沙拉

(二) 生态文化对比对翻译的影响

受到地理位置差异这一客观性因素的影响,中西方的生态文化也存在着明显的不同。就我国的地理位置来看,我国是典型的大陆性国家,具有幅员辽阔、地大物博的特点,并出现了诸多具有特殊地域色彩的表达。例如，福如东海、寿比南山、黔驴技穷。英国以其发达的航海业著称，其语言表达中也出现了很多与船、海洋、水等相关的表述，如 all at sea（不知所措），spend money like water（挥金如土）。加强对这些生态文化因素的对比对翻译实践中与之相关的文本材料的理解非常有帮助，有利于作者在源语和目的语之间进行更好地思维转换。

二、文化对比下翻译的原则

翻译是解决不同国家间语言文化交流的媒介，对不同语言进行的翻译其实也就是在对文化进行对比并了解文化差异的基础上进行的翻译。基于文化差异的客观存在以及文化背景的复杂性等，文化对比下的翻译也应以一定的翻译原则为依据，下面就对文化对比下的翻译原则进行详细分析和探讨。

（一）约定俗成原则

文化对比下的翻译应坚持约定俗成的原则，具体指在翻译的过程中应依照语言的发展规律和语用习惯，采用被大家普遍接受的约定俗成的表达进行翻译。对于一些已有翻译的人名、地名、习惯表达，应选择最通用的译名而不必新增译名。

例如，"U.S.Department of State"应按习惯译为"美国国务院"而不是"美国国务部"。

（二）和而不同原则

文化对比下的翻译还应坚持和而不同的原则，这一原则又具体包括以下两个方面的内涵。

1. 忠实第一，创造第二

从某种意义上来看，翻译是译者所进行的一种再创造的实践活动。然而，这里所说的创造是相对的、有条件的，应在忠实传达原文语义和文化内涵的基础上进行。这在很大程度上和翻译的属性是分不开的，翻译作为一种实践活动，旨在帮助读者了解其他国家的文化。也就是说，译者通过目的语将源语文化介绍给目的语读者，应尽可能地将不理解原文的人借助译文知晓、了解并欣赏原文的思想内容和文体风格。此处所讲的思想内容不仅包括源语文本的语义内容，而且还包括源语文本的文化内容，并在理解源语语义和文化内容的基础上来进一步理解源语文本的文体风格。要想更好地实现上述目的，就应追求目的语文本与源语文本的意义相当、语义相近、文体相仿、风格相称。这也就决定了我们应该将"忠实"作为翻译的第一要则。

在文化对比翻译的过程中坚持和而不同的原则还要求在翻译实践中尊重原作和源语文化。也就是说，在翻译的过程中尽最大可能忠实源语文本，不随意删改、改造或对原作进行改写。然而，就实际来看，这种绝对的"忠实"并不存在，过分忠实于原文极有可能会导致死译、硬译，这也是翻译实践中比较忌讳的。此处所说的"忠实"具体指的是如实、准确地表达原文的语义内容、文化内容和原文所传达的文化韵味，而不是刻意地追求语言表达形式的雷同。在真正做到在"意似"和"神似"的前提下还应兼顾"形似",这些都是翻译工作者所追求的理想境界。

然而,在具体的翻译实践中,还往往存在着"文化空缺""概念空缺"及语言表达方式差异等情况,拘泥于绝对忠实的翻译有时很难用恰当的译语形式再现原文的语义内容和文化内容。此时,进行适当、得体的创造就非常必要。特别是对于文学翻译而言,这种"创造"对提高译文的审美价值更是不可或缺。将翻译看成是对原作的再创造,事实上就是指译者借助自己的创造性加工工作将原作的精髓用另外一种语言完美地再现出来。但是,这种创造绝对不是凭空想象地改写或歪曲事实。总而言之,文化对比下的和而不同的原则应坚持忠实第一,创造第二,创造必须以忠实为前提。

2. 内容第一,形式第二

文化对比下的翻译所坚持的和而不同原则还应坚持"内容第一,形式第二"这一细则。这里的内容具体指的是源语语言本身所蕴含的语义、文化、情感等内涵。这里的形式具体指的是源语内容借以表达的语言外壳,具体包括原作的文本体裁、修辞手段及语句篇章结构等。具体而言,就是应将内容的准确传递放在首位,同时,还应兼顾源语的文本形式,这样有利于更好地传递源语的文体风格。如果遇到维持原文形式很难有效传达原作内容的情况,就要牺牲形式来达到内容的准确。形式事实上是附属于内容并为内容服务的,不能为了追求形式而牺牲内容。甚至在

必要时,还应适当地调整结构、增删字词、转换语义或对句型进行改换等。例如:

裁衣不用剪子——胡扯

Cutting out gaments without the use of the scissors—only by tearing the cloth recklessly talking nonsense.

本例在对汉语歇后语进行翻译时,很好地坚持了"内容第一,形式第二"这一原则,将源语中所蕴含的汉语文化很好地展现出来。

(三)空位补偿原则

根据美国著名的《圣经》翻译研究学者奈达所提出的"零位信息"这一概念,在对文化词汇进行翻译的过程中会出现词汇空缺或文化缺省的现象。针对这一现象,只能在翻译时跨越文化词汇所造成的翻译障碍,坚持空位补偿原则进行翻译,以此来弥补或避免翻译时的信息亏损。例如:

沉鱼落雁(of a woman)extremely beautiful

哈巴狗 Pekingese

兵马俑 terra cotta warriors and horses

灯会 lantern festival

蚕宝宝 silkworm

(四)文化顺应原则

顺应性是语言的一大特点。语言的顺应性这一特点具体指的是为了满足语境需要,语言能使使用者从可供选择的项目中进行灵活的变通。

语言和文化间的密切关系也要求交际双方只有与文化语境相顺应才能促成交际的成功。换句话说，在实际的言语交际过程中，交际的双方都应做出选择来顺应各种文化的语境因素，以利于交际目的的实现。

文化顺应就是不同文化下的人们在进行交际的过程中，为了促成交际的顺利和成功，相互借助于调整文化表达和文化行为等方式来适应他者的文化语境。相应地，在翻译实践中，也应坚持文化顺应的翻译原则。具体而言，就是要求译者在翻译的过程中，应依据读者的期盼、源语文本文化及译者自身的能力等因素，对文化融合的翻译策略进行灵活的选择。这主要是因为翻译文本的目标读者有其自身对文化背景、译文期待以及交际等的个性化需求，为了迎合目的语读者的这一心理需求，同时也为了源语文化图式能更好地被目的语读者所接受，就应顺应目的语语言文化，以便目的语读者更顺利地了解源语文化所要表达的各种信息，有利于实现文化信息的传播。

（五）文化再现原则

基于文化对比的视角对英汉翻译进行探讨也是为了更恰当地对翻译中存在差异的文化因素进行处理，并更有利于文化交流这一翻译实质问题的实现。换言之，就是在翻译实践中应通过语际转换使源语中的文化信息能完美地再现。具体而言，坚持文化再现原则包括以下几点内涵：

1. 再现源语文化特色

鲁迅认为，翻译应保持原作的风姿，必须有异国情调，也就是所谓的"洋气"。①换言之，译者在翻译过程中，应忠实地将源语文化再现给目的语读者，不应抹杀和损害源语的文化色彩，应尽可能地保持源语文化的完整。例如：

巧妇难为无米之炊。

译文1：Even the cleverest housewife can't make bread without flour.

译文2：Even the cleverest housewife can't cook a meal without rice.

在对本例原文进行翻译时，就会涉及中西传统主食文化差异这一问题。通过分析译文1，可以看出，翻译时充分考虑到了英美国家的传统主食是面包这一文化因素，并没有体现源语中"米"这一字眼，这一译法更利于英美人接受和理解。但是，如果在我国古典小说中对这一表述进行翻译，西式面包在与整个作品的文化氛围并不协调，这样的翻译方法就会有损源语的民族文化特色。通过分析译文2，可以看出，这一翻译保留了原作中"米"这一物质文化概念，如果是出现在古典小说之类的文学作品的翻译，这一翻译不仅符合作品的社会文化背景，而且再现了源语的民族文化特色。

2.再现源语文化信息

再现源语的文化信息具体指的是翻译时不应仅仅局限于原文的字面意思，而应对源语所承载的文化信息有比较深刻的理解，并在译文中使其再现。例如：

Mr.Vargas Llosa has asked the government "not to be Trojan horse that allow the idealism into Peru".

---

① 鲁迅.鲁迅全集［M］.南京：江苏凤凰文艺出版社，2020.

巴尔加斯·略萨请求政府"不要充当把理想主义的思潮引进秘鲁的特洛伊木马"。

在对本例进行翻译时，首先应对源语中的"Trojan horse"（特洛伊木马）这一文化因素有比较深刻的理解和认识，它是指"内部的颠覆者，起内部破坏作用的因素"，在翻译时，将其直译为"特洛伊木马"，使其文化信息得以完整地保留。

3.再现源语文化风格

再现源语的文化风格是对文化翻译实践比较高层次的翻译要求。可以说，文化风格是文本所要传递的灵魂和内在精髓。源语的文化风格对其文本信息起着质的规定性作用。以文学作品为例，语言文字是文学作品最基本的表现形式，是作家情感和认知的载体，并且能很好地展现作家的写作风格以及作品的艺术风格。不同的作家往往有其独特的艺术风格和语言特色。可见，再现源语的文化风格非常关键。例如：

苏小姐理想的自己是"艳如桃李，冷若冰霜"，……谁知道气候虽然每天华氏一百度左右，这种又甜又冷的冰激凌作风全行不通。

Miss Su, who pictured herself in the words of the familiar saying, "as delectable as peach and plum and as cold as frost and ice, " ...Who would have thought that while the temperature hovered around 100 degrees Fahrenheit every day, this sweet, cool ice cream manner of hers was completely ineffective.

本例原文中，运用了多处比喻，其一是用"艳如桃李，冷若冰霜"来比喻美女，其二是用"冰激凌作风"来比喻人的行为作风，这一比喻使原文在表达上产生了诙谐、幽默的效果。之所以用"冰激凌作风"作比喻，一方面是因为冰激凌集合了"桃""李""冰"这几种事物的特点，又甜又冷，所暗含的幽默效果溢于言表。译者在翻译时，将"艳如桃李，冷若冰霜"译为"as delectable as peach and plum and as cold as frost and ice"，将"冰激凌作风"译为"...Who would have thought that while the temperature hovered around 100 degrees every day, this sweet, cool ice cream manner of hers was completely ineffective"，很好地译出了原文的文化风格。

三、文化对比下翻译的策略

文化对比的翻译策略多种多样，但是无论采取哪种翻译策略，都是为了更好地翻译出源语文化。为了对文化对比下的翻译策略有更具体、更清晰的认识，下面将从以下几种类型对翻译策略进行探讨。

（一）传统型翻译策略

1. 直译策略

在对文化词汇进行翻译时，直译策略是最基本、最传统的翻译策略。如果仅仅采用直译策略就能将源语文本的文化内涵传达出来，采用直译策略最佳。例如：

To be on the thin ice 如履薄冰

at one's wits end 智穷才尽

to fan the flame（s）煽风点火

to burn one's boats 破釜沉舟

turn a deaf ear to 充耳不闻

olive branch 橄榄树

soft environment 软环境

social security cards 社保卡

problem furniture 问题家具

drainage oil 地沟油

a stick-and-carrot policy 大棒加胡萝卜政策

absolute advantage 绝对优势

anti-dumping 反倾销

clean fuels 清洁燃料

cultural shock 文化冲击

silver screen 银幕

七嘴八舌 with seven mouths and eight tongues

信贷政策 credit policy

素质教育 quality education

政府补贴 government subsidy

希望工程 Hope Project

乡镇企业 township enterprise

象牙塔 ivory tower

失业率 unemployment rate

年终奖 year-end bonus

白色污染 white pollution

落后产能 outdated capacity

碳足迹 carbon footprint

碳税 carbon tax

森林覆盖率 forest coverage

天然气 natural gas

温室效应 greenhouse effect

热带雨林 tropical rain forest

文化遗产 cultural heritage

中国文学 Chinese literature

中国结 Chinese Knot

亚健康 sub-health

延缓衰老 to defer senility

2. 意译策略

在对英汉文化词汇进行翻译时，如果在目的语中找不到确切对应的文化词汇，或者采用注释等方法也不能很好地传递源语的信息，可进行适当的转变，采用意译策略进行翻译。例如：

相声 witty dialogue comedy

孝道 filial piety

水墨 Chinese brush painting

中山装 Chinese tunic suit

杂耍 variety show

中医学 Traditional Chinese Medical Science

偏方 folk prescription

按摩 massage therapy

推拿 medical massage

祖传秘方 secret prescription handed down from one's ancestors

silly money 来路不明的钱

punch line 广告妙语

silent contribution 匿名捐款

It is along lane that has no turning.

路必有弯，事必有变。

She was born with a silver spoon in her mouth.

她生长在富贵之家。

3. 音译策略

音译又被称为"转写"，这种翻译策略就是用一种文字符号来表示另一种系统文字符号的过程。在翻译实践中，音译策略也得到了很好的运用。运用音译策略有利于将一些具有特殊文化特色的词语"移植"到译入语文化中去，从而使其逐步为译入语读者所了解并欣然接受，同时还有利于促进跨文化语言交际活动的有效进行。例如：

Lansing 兰辛

Vitamin 维生素

Travis 特拉维斯

Radar 雷达

Phiosophy 菲洛索菲

Jupiter 朱庇特

Muse 缪斯

Hippie 嬉皮士

Prometheus 普罗米修斯

Pandora 潘多拉

Mousse 摩丝

Simmens 席梦思

Penicillin 盘尼西林

Lymph 淋巴

刮痧 Gua Sha

瑜伽 yoga

蹦极 bungee

馄饨 wonton

功夫 kung fu

磕头 kowtow

武夷茶 bohea

这是柿油党的顶子，抵得一个翰林。

This was the badge of the Persimmon Oil Party, equivalent to the rank of a Han Lin.

在对本例中的"翰林"一词进行翻译时,就采取了音译的翻译策略,使源语文化的异质成分得到很好的保留。

(二)实践型翻译策略

随着经济全球化的逐步推进和信息技术的飞速发展,翻译实务也呈现出面广量大的特点,翻译技术得到了飞速发展,翻译的新经验也呈现出日新月异的状态,实践型翻译策略从翻译实践中凸现出来。这种类型的翻译策略并不单单隶属于哪个特定学派或某一系统理论,但是却对提升翻译效果非常有帮助。下面结合实践型翻译策略在翻译中的运用进行具体分析。

1. 零翻译策略

零翻译策略是一种客观存在的比较新颖的翻译策略。相比于传统意义上的直译、意译、音译等翻译策略,这种翻译方法具有省时、简便、节省空间等优点。在翻译中,恰当地使用零翻译策略,对促进本民族语言和文化的发展有着非常重要的作用和意义。例如,iPad等词语的运用就是非常典型的实例。这样一来,不仅能确保原科技术语的准确运用,而且有利于目的语读者对这一文化事物的接受和传播。类似的例子还有很多。再如,"买DVD"(买一台数字激光视盘),"查一下DNA"(查一下脱氧核糖核酸),"做B超"(做B型超声诊断)。示例:

FAX(传真)

VIP（重要客户）

VS（对阵）

EQ（情商）

3M（一种机械产品）

HR（人事部门）

CEO（首席执行官）

IT（信息技术）

2. 深度翻译策略

深度翻译策略又称为"厚重策略"，这一策略主张借助各种注释、评注将文本置于丰富的语言文化环境中。这一翻译策略也适用于翻译含有较多解释材料的作品。所添加的注释、评注主要是用来让读者更好地理解源语文化中的人们思考问题和表达问题的方式。例如：

Jewish women are derided as "Jewish-American princesses."

犹太女人被讥为"美籍犹太公主"。（注：Jewish-American princesses 是美国俚语，意思是娇生惯养的阔小姐，自认为应享受特殊待遇的小姐。）

（三）文化学派的翻译策略

文化学派的研究者主要是对文化的渊源进行研究，此学派的翻译观点认为，翻译应同政治、经济、文化、社会意识形态等多种因素相联系。下面就结合几种比较典型的文化学派的翻译策略进行探讨和分析。

1. 文化移植策略

具体而言，文化移植策略指的是将一个民族特有的文化现象以其本来面目移植到另一个民族的文化空缺里。这种翻译策略对增强两个不同民族文化间的相容性非常有帮助。例如，在翻译"亚洲四小龙"时，为了有意规避"dragon"一词在西方文化中的"怪物""罪孽"之意，通常将其译为"Four Tigers of Asia"，避讳使用"dragon"一词。

2. 改写策略

改写翻译策略通常是将目的语言中现成的妙语加以改造并用来翻译原文的方法。例如：

Anger is only one letter short of danger.

原译：生气离危险只有一步之遥。

改译：忍字头上一把刀。

本例中，原译和改译均没有错误，但是相比之下，改译的版本更佳，不仅保留了原文风格，而且保留了原文的含义。

3. 文化置换策略

在翻译的过程中，如果在目的语中找不到对应的词语，可采用文化置换策略进行翻译。也就是说，寻找最为相近或语义对等的词语进行置换。例如：

假使有钱，他便去押牌宝。

If have the money, he went gambling.

本例中的"押牌宝"是我国古代民间一种常见的赌博方式。在对这一具有独特文化内涵的词汇进行翻译时，采用了置换策略，直接用"gambling"一词来替代"押牌宝"。采用置换策略进行翻译的例子还有很多。又如：

lead a dog's life 过着牛马不如的生活

to teach fish to swim 班门弄斧

to have one foot in the grave 风烛残年

痛饮 drink like a fish

拍马屁 kiss sb's ass

胆小如鼠 as timid as a rabbit

挥金如土 spend money like water

4. 文化对应策略

文化对应策略主要是用西方文化中比较知名的人物、事件等来诠释汉语文化中所特有的文化内容。例如，将汉语文化中的"梁山伯与祝英台"比作"罗密欧与朱丽叶"，将中国的江南水乡"苏州"比作东方的"威尼斯"，将"济公"比作"罗宾汉"。其中浙江兰溪的济公纪念馆中有这样一句话：

济公劫富济贫，深受穷苦人民爱戴。

Ji Gong, Robin Hood in China robbed the rich and helped the poor.

这一翻译就很好地采用了文化对应策略。这样一来，更加方便译入语国家的人们理解该句。

5. 归化翻译策略

归化翻译策略是一种要求译者向目的语读者靠拢的翻译策略。运用这一策略进行翻译有利于最大限度地消除由于文化差异而带来的误读，有利于读者更好地理解源语文化。

归化翻译策略是将原文本土化，采用目的语语言的表达方式进行翻译，将原文语言转化为本土化的语言，不仅有利于目的语读者更好地理解原文内容，而且有利于增强译文的可读性。

6. 异化翻译策略

异化翻译策略是在翻译的过程中，保留原文的异国情调，迁就原文的内容，并吸收原文的表达方式向原文靠拢。在文化对比翻译中，运用这一策略有利于更好地传达原文的意向和文化内涵。

（四）条件型翻译策略

比较常见的条件型翻译策略主要有改写翻译策略和解释型翻译策略，下面就对这两种策略分别进行分析。

1. 改写翻译策略

改写翻译策略是通过某种方式对源语文本进行重新解释，并在翻译过程中受到译者意识形态和目的语文化的制约，因而会在某种程度上改变源语文本的思想内容甚至意识形态。

2. 解释型翻译策略

解释型翻译策略是从译入语的角度要求译文得体、语言流畅，为了便于译入语读者的理解，适当地对原文特有的文化现象和必要的背景信息进行解释，使其通俗易懂，增强可读性。

语言是人类用于沟通交流的重要手段与工具。语言与文化关系密切，语言是文化的载体，同时也是文化的一个重要组成部分。不同文化下的语言有着各自的特征,英语、汉语也不例外。对英汉语言进行对比分析,了解两种语言的异同,并在此基础上研究英汉翻译,具有重要的意义。

第三章 英语翻译教学的现状与策略

第一节 英语翻译教学的现状

本节对英语翻译教学现状展开分析。

一、教学目标

教学目标定位是大学英语翻译教学的首要环节。关于教学目标的定位，即确定大学英语翻译教学所要达到的目标或者说教学活动的意图是什么。然而在大学英语翻译教学目标定位方面存在一些问题。

（一）关注认知、技能目标，对过程目标重视不够

高等学校课程改革要体现出三维目标："知识与技能""过程与方法""情感、态度及价值观"。"知识与技能"目标就是过去的"双基"目标，是学生对知识的掌握和能力提高的目标，是最基本的目标。"过程与方法"目标也就是学生获取知识、掌握技能的程序、门路、措施等，是高等学校课程目标体系中重要的组成部分，有效实现此目标，可以使

学生受益终生。"情感、态度及价值观"实际上就是判断事物好坏和行为的标准。"情感、态度及价值观"目标是做人、做事的目标。正确理解三维目标之间的关系，是有效实现三维目标的前提条件。

通过调查发现，当前大学英语在翻译教学目标定位上过分关注认知、技能等目标，对于"过程与方法""情感、态度及价值观"等目标不够重视。

一些学生对大学英语翻译教学的概念和目标非常模糊，虽然对翻译学习感兴趣但是却不知道为什么学，从教师对大学英语翻译教学目标的理解来看，他们更多是把翻译当作语言教学的手段而不是语言教学的目的，由此导致在教学中过分关注认知、技能等目标，对于"过程与方法""情感、态度及价值观"等目标则不够重视。另外，部分教师分不清什么是教学翻译，什么是翻译教学，导致了在实际教学中忽略翻译理论和翻译技巧的讲授，使得翻译教学成了语法教学的附庸。由于教师对大学英语翻译教学的目标定位不清晰，直接导致翻译教学在大学英语教学中处于可有可无的地位。

（二）以课本为中心，忽视学生的实际学习需求

以学生发展为本，是高校课程改革的精神内核。在教学理论中，一直有"老三中心"与"新三中心"的论辩。"老三中心"是指以教师、书本知识和课堂教学为中心的传统教学体系，它以赫尔巴特的重视知识传授的教学理论为依据，主张在教学中以传授系统知识为主要目的，以课堂讲授为主要组织形式，要求树立教师的绝对权威。"老三中心"强调系统知识的摄入，重视基础知识和基本技能的获得，对于大面积、高效率地传递教学内容，提高教学质量等有非常重要的作用。"新三中心"是指在教学

活动中,"以学生为中心";在教学内容的选择上,"以经验为中心";在教学过程的组织上,"以活动为中心"。"新三中心"是在杜威的进步主义教育理论与实用主义教育思想基础上发展起来的。它强调学生的主体作用,强调学生内在的发展,强调直接经验,注重实践,重视活动的开展和教学形式的多样化,鼓励学生在教学中通过自己的探索、钻研,发现事物的本质和规律。因此它非常重视学生创造能力、探究能力和其他智能的发展与培养,尊重学生的个性,注重学生社会实践能力的培养。

目前的翻译教学以课本为中心,只关心教学任务的完成,忽视学生的实际需要。随着信息时代的到来,国际社会间的交往频繁而迅速,在这种社会环境中既懂专业又会翻译的复合型英语人才供不应求。

大学英语教学的对象是来自于各个专业的学生,他们通过四年系统的学习能够很好地掌握本专业的知识和技能,而英语的学习则为他们接触国际社会提供了可能。复合型英语人才不仅要能用该种语言进行听说,还要能进行读写,更要能进行翻译。这就对学生提出了新的要求,他们不仅应具备英语听、说、读、写的能力,还应具有一定的翻译能力,同时这也为大学英语翻译教学的发展提出了新的目标。只有全面地掌握了听、说、读、写、译五种能力才真正具备了运用该语言的综合能力。

二、教学内容方面

(一)教学内容选择单一

教材是教学内容的主要载体,是进行具体教学活动的主要依据。从目前的大学英语教材来看,非英语专业的学生缺乏专门的英汉互译教材,相比之下,英语专业学生已有专门编写的听力、精读、泛读和快速阅读教材。目前对英语专业学生翻译能力的培养主要是贯穿在精读课的教学之中。然而,从精读教材(或综合教程)的编排上来看,为学生所提供的训练翻译技能的练习,无论是从数量上还是从质量上来讲都是不足的。以某出版社出版的《新视野大学英语》读写教程和《新编大学英语》为例做简要说明。在《新视野大学英语》中,每个单元课后的翻译练习中只有5个汉译英的句子,且这些句子主要是围绕课文中出现的词、短语和句型进行巩固性操练。而在《新编大学英语》中,每个单元课后的翻译练习由5个汉译英句子组成,练习形式的设计也只停留在单句上,没有段落、短文的翻译。显然,这两套教材存在一个共同缺陷,就是翻译练习在很大程度上只被作为巩固课文中所学语言知识的手段,是被用来检测学生对语言知识的理解程度的。而实际上,翻译更是学生应掌握的五种基本语言技能之一,在教学实践中,翻译能力的培养既需要理论、原则和方法的指导与传授,又需要大量的翻译实践来配合。

目前,大学英语翻译教学在内容选择上形式比较单一,往往局限于教材课后练习中的汉译英句子翻译,这远远不能满足学生对翻译理论和技巧学习的需要,更不用说激发学生翻译学习的兴趣,更遑论将英语学习与学生的专业相结合,以满足他们在工作中对翻译能力的需要。

(二)教学内容的选择缺乏系统性、条理性

教学内容是教学目标的具体化与现实化,而教学目标中必定体现出一定的社会价值要求,即某一种文化,某一国家主流价值观、主流意识

形态的要求。美国学者塔巴曾提出了教学内容的选择原则：（1）内容的有效性和重要性。（2）与社会现实的一致性。在选择教学内容的过程中考虑到了社会现实、社会需求时，这一过程就蕴涵了选择者的意识形态，而这种意识形态总体上体现了社会主流的意识形态。

  由于不清楚大学英语翻译教学的目标定位，许多教师在教学内容选择上往往随意性强，且大多局限在技能训练层面，缺乏理论指导。有的教师认为大学英语翻译教学的内容应该体现出系统性和专门性。通过观察发现：在具体的实践教学中，教师基本上不是围绕学生的学习需要来选择教学内容，教学内容主要选自教学参考资料。教学内容的选择缺乏系统性、条理性，缺乏理论与实践的结合。教师这样选择教学内容主要是基于两个原因：首先是大多数教师本身所学专业不是翻译，进行翻译教学时力不从心。其次是大学英语课时安排紧张，利用教学资料进行教学设计比较省时省力。

  许多教师在进行教学时，往往从抓住学生的注意力、提高学生的学习兴趣入手，偏重教学方法和教学手段的改革，相对忽略教学内容的调整和改进。但是，教学内容与教学方法、教学手段之间是相互影响、相互促进的关系，如果教学内容进行了有效调整，教学方法和教学手段也会相应地改变；如果只改革教学方法而不革新教学内容，则不能有效拓宽学生的知识面，知识的更新就跟不上时代的发展，最后的学习效果也只能事倍功半。

  大学英语翻译教学内容的选择没有固定的模式，我们可以围绕如何激发学生对翻译学习的兴趣，提高学生对翻译价值的认识，并结合学生所学专业选择课堂教学的内容和教材。比如,翻译材料应尽量引起学生的兴趣,使学生产生翻译兴趣,让学生在翻译中体验翻译的乐趣,尽量避免选择那些过时、冗长、晦涩难懂的材料。实践证明,选择合适的教学内容与材料是实现教学目标的重要保证。因此,能与学生的专业相结合,着眼于培养学生的语言综合应用能力,有利于促进学生全面、和谐发展的内容,都可以纳入大学英语翻译教学体系中。

三、教学实施方面

教学实施是将教学计划付诸行动的过程,其目的是在缩短理想与现实间的差距。而良好的教学计划需要有效的教学实践活动才能达到预期的效果,从而实现教学目标。教学实施是教学实践过程中的关键环节,它涵盖了课堂内外的所有教学行为。

教学实施研究所关注的焦点是教学计划在实践过程中所遇到的问题,以及影响教学实施的种种因素。教学实施过程中存在着三个基本要素:教学内容、学生、教师。教学实施体现了教师对教学目标的理解,又体现了教师对教学内容的实际运作。

从形式方面看,大学英语翻译教学是以课堂教学为基本形式来开展学习活动的。随着大学英语教学改革的不断深入,现代大学英语的教学方式已经发生了巨大的变化,教师和学生都不再满足于单一的传统课堂教学模式。为了适应当今社会快速发展的要求,广大教师和学生都积极投入到丰富多彩的"第二课堂"活动中。"第二课堂"强调以学生为中心,以传授语言知识与技能为基础,侧重培养学生的语言交际能力和自主学习能力，满足学生的个性化发展需要，提供比课内学习丰富得多的教学手段和内容，而且不受时间和地点的限制。学生以"第二课堂"活动为平台，对所学知识进行对应性的操练，以达到学会使用语言的最终目的。

大学英语翻译教学主要是通过课堂教学途径实施的。以教师为中心的教学方式使得学生参与度不高，课堂缺乏互动。而个别教师通过多媒体网络教学途径进行翻译教学，学生反应却十分积极。由于教学内容变得更为丰富多样，网络交流的方式也为现在的年轻人所接受和喜爱，因此极大地刺激了学生学习翻译的兴趣，翻译教学取得了不错的教学效果。

另外，每个学生都有独特的个性，由于学生的智力、心理发展的不平衡性及其生活背景的不同，认知水平及对新事物的接受能力都存在着不同的差异，因而他们获取知识的效率具有不同步性。大学英语翻译教学的实施也应该体现出对学生个体差异的关注。

在现实中，教师在大学英语翻译教学中缺乏对学生的语言基础和兴趣爱好等个体差异的关注。一些语言基础较差的学生在翻译学习方面感到很吃力。虽然教师也有课时紧张、教学任务繁重等方面的原因，但是长此以往，会使语言基础较差的学生更加自卑，不利于学生的个人发展。

四、教学评价方面

（一）评价方式单一，注重终结性评价，忽视形成性评价

终结性评价与形成性评价是美国教学评价专家斯克里文于1967年提

出的两种评价类型。终结性评价是在教学实施完成之后施行的，其主要目的在于搜集资料，对教学计划的成效做出整体的判断，作为推广采用教学计划或不同教学计划之间比较的依据。形成性评价是在教学实施尚处于发展过程中进行的，其主要目的在于搜集教学实施过程中各个局部优缺点的资料，作为进一步修订和完善教学计划的依据。

形成性评价和终结性评价是教学评价的两种方式，也是教学目标得以顺利实现的重要保证。教育部2007年7月颁布的《大学英语课程教学要求》以纲要的形式规定了大学英语课程评价是形成性评价与终结性评价相结合，既关注结果，又关注过程，以形成性评价为主的评价方式。但是在实际的教学评价中，往往片面地强调终结性评价而忽视了形成性评价。

就当前情形而言，大学英语翻译教学的评价方式单一，只注重测试学生的翻译水平，缺乏对学生学习过程的评价和对学生情感体验方面的评价，如学生是否通过教师的教学提高了对翻译学习的兴趣等。不管是学生还是教师对翻译教学效果的单一评价方式都有很多不满。

（二）评价主体单一，主要是教师对学生进行评价

教学评估应该是一个开放的系统，需要来自各方面的评估，这样才有利于听取各方意见，提高教学质量。要让参与教学的人都成为教学评价的主体。教师和学生处于教学第一线，他们对教学的感受最深、最真切。他们都应该成为教学评价的主体。尤其要扩大学生对教学的评估权，倾听他们的意见和建议，这对教学一定会大有益处。

教学效果评价的应有之意是对教学的发展起到诊断作用,从而促进教学的进步,也可为其他评价者或成果应用者提出要注意的问题和努力的方向,这才是科学的评价态度,也是对大学英语翻译教学进行效果评价的目的。教师的教、学生的学与效果评价之间是紧密联系、相互促进的。为了实现教学与效果评价的结合,教师必须明确教学的目标,在实施教学的同时使用多种多样的评价方式去考查学生学习的过程与结果,使效果评价成为改进教师课堂教学,促进教师专业成长的重要手段。

第二节 影响英语翻译教学的因素

一、学生方面的因素

(一)学生对翻译教学的认识

翻译界长期存在着"翻译不可教,或者翻译不需教"的思想。"会外文就能干翻译"的论调在我国相当流行。有的教科书中的翻译习题,似乎是语法的延伸,看不出翻译这门学问有什么独特的内容和地位。这些思想的存在毫无疑问影响了学生对翻译教学的认知,进而影响到学生学习翻译的态度。许多学生认为专门学习翻译没有必要,只要英语好就能干翻译;还有学生认为,只要毕业后从事的工作中需要翻译,就可以在实践中摸索经验从而学会翻译,因此翻译理论学习没有必要。足见"翻译不可教和不需教"的思想由来已久,影响甚深。

(二) 学生的英语学习基础

翻译教学需要学生有较好的英汉语言基础和较广的知识面,但在大学英语教学实践中往往会发现,学生的实际情况与此要求有较大差距。学生进校时的英语成绩参差不齐,英语学习基础各异,大学英语翻译教学难以因材施教。

(三) 学生的学习态度和方法

就教学现状而言,从平时学期考试和历届四、六级考试的成绩看,学生的实际翻译水平亟须提高。很多学生的翻译部分是交了白卷或胡写的,这直接影响了他们的整体英语水平。越来越多的学生意识到了这个问题,并由此产生了极大的焦虑心理和畏难情绪。同时,在学生的翻译练习中也暴露出了很多不足。很多学生在平时的学习过程中,偏爱林林总总、五花八门的教辅书,老师布置的课文或句子的翻译练习,则直接在教辅书上对一下答案了事,不进行仔细地推敲和揣摩。还有在做模拟试题时,也是跳过翻译部分,或草译一下便急于核对答案,结果可想而知。这样的学生惰性强,只寄望于老师讲解,不愿亲自下功夫实践,只是盲目焦虑,依赖心理重。另外有一部分同学意识到自己翻译能力的不足之后,非常重视,对平时的翻译学习和操练也持认真的态度,可是他们却没有找到适合自己的学习方法,或找一本翻译理论书硬啃条条框框,或稀里糊涂地做一大堆练习而不及时归纳总结知识要点,更不懂得将翻译学习与其他技能的学习相关联,其结果是翻译学习事倍功半,又产生了畏难情绪。这都不利于翻译知识的学习和翻译能力的提高。

二、教师方面的因素

(一) 教师对翻译教学的认识

许多大学英语教师认为翻译理论和技巧不需要专门教授。他们认为只要学好了听、说、读、写,翻译自然就会了。为此,教师要确立把翻译作为语言基本技能来教的指导思想,要明确树立培养综合素质好、专业精通、英语基础扎实、适应性强的复合型人才的教学目标,在教学中有意识地培养学生的翻译能力。

(二) 教师的专业素质

从事大学英语教学,并在学习阶段以翻译作为专业的教师非常少。在这类专业教师中,职称为副教授的更是少之又少,且大多年龄偏大。因此,具有翻译专业硕、博学位的大学英语年轻教师偏少,反映了我国高校高层次翻译人才数量严重不足,后继乏人。

做好大学英语翻译教学,要求教师必须具备一定的翻译理论知识和课堂组织能力。一般来说,大学英语教师都只是上过翻译课,毕业后也没有实践经历或缺乏实践,这使得很多教师理论基础薄弱、实践能力差,进行翻译教学时感到力不从心,无从下手。由此导致教师对翻译技巧的讲授缺乏整体的规划,常常是有时间就讲,没时间就不讲,随意性很强,讲解时也是只言片语，缺乏系统性。至于系统的翻译教学训练，就更少了。教师们反映，科研任务重，工作量大，难以有足够的时间和精力进修或自修以提高自身的专业素质和业务能力。倘若教师自己英汉语言水平欠佳，缺少翻译理论和实践研究，缺乏教学法知识，知识面不够广，就难以保证翻译教学的效果。

（三）教师的教学方法

英语教学方法历来是英语教学界讨论最多，分歧最大的内容之一。用什么方法进行翻译教学是一个见仁见智的问题。所谓"学无定法"，教亦无定法。翻译的实践性决定了翻译教学的方法必须以培养学生的实践能力为目标；翻译的艺术性又要求翻译教学必须尊重学生的创造性和主观能动性。

然而，在大学英语翻译教学中，教师大多采用传统的师徒相传式的教学方法，让学生完成课后翻译练习，然后逐字逐句地核对参考答案，最多简单介绍一下"信、达、雅"和"神似""化境"等中国传统译论，基本上可以说是一种工匠式的传授方法，不讲理论依据和科学方法，使学生"只见树木，不见森林"，只知"鱼"而不知"渔"，无法在今后的翻译实践中掌握科学的方法和更大的主动权。这种以教师为中心的教学方法，将改错作为教学手段，将教师提供的参考译文作为翻译教学的中心，不符合真实情况下的翻译的本质特征，极大地扼杀了学生的创造性和主动性。

大学英语翻译教学方法的僵化与落后是严重阻碍翻译教学质量提高

的现实问题。改革教学方法，是翻译教学摆脱困境、提高质量的重要任务。

三、教材方面的因素

教材的选用在很大程度上反映了教学的指导思想。纵观我国几十年英语专业教材和英语教学的发展状况，翻译一直未受到足够的重视。在教材方面，英语专业的学生始终缺乏专门的英汉互译教材，对"译"的技巧的处理和练习完全局限于课后的翻译练习。翻译练习在很大程度上只被作为巩固课文中所学语言知识的手段，是被用来检查学生对语言知识的理解程度。翻译练习的内容与他们所学的专业脱节，对他们今后的工作需要没有实际意义。同时在汉英翻译练习的设计中尚存在汉语句式覆盖面过窄的问题，在一定程度上也弱化了这种练习形式的作用。教材是教学内容的重要载体，是教学实施的物质基础。教材的选用能否满足学生对翻译学习的需要，很大程度上影响着大学英语翻译教学的质量。

四、环境方面的因素

环境主要包括社会环境、学校环境两个方面。大学英语翻译教学的发展除了与学生、教师、教材等因素密切相关，适宜的社会环境和学校环境也是影响大学英语翻译教学的重要因素。

(一) 社会环境

随着我国改革开放的不断深入,在政治、经济、文化等领域的国际交流不断拓展与深化,社会对高层次的翻译人才的需求量越来越大。分析社会环境在于了解社会对复合型人才的需求状况,翻译市场对人才素质的要求,以及大学英语翻译教学目标的确定与内容的选择非常重要。

(二) 学校环境

分析学校环境目的在于明确学校现有的教学条件与学校的政策支持。影响大学英语翻译教学质量的教学条件包括师资情况、学时安排、教学班的规模、教学的设备、辅助学习条件等。

师资情况对大学英语翻译教学的影响显而易见。目前,我国大学英语教学班的规模普遍在 50~60 人,班级大,学生多,课堂活动不易组织和开展。大多安排每周 4 学时,由于课时有限,教师在进行听、说、读、写教学之余很少有时间再进行专门的翻译教学。进行大学英语教学的教室大部分为多媒体教室。但是在调查中发现很多教师只把多媒体用作电子黑板或者用来展示教案。多媒体是现代教学的特征,多媒体不应该只是用于教案展示,更重要的是搭建多媒体和互联网的教学平台,拓展教学面,将更多新功能添加到翻译教学中,使教学信息丰富、内容多样,激发学生的求知欲和学习的乐趣,根据学生的个性因材施教,倡导、鼓励学生主动学习,使教与学在多媒体网络平台中得到的升华,使课堂教学得以延伸。

　　学校的政策支持对大学英语翻译教学的影响也是显而易见的。在调查中教师们反映，有些领导对大学英语翻译教学的重要性认识不够，科研经费不足，有关大学英语翻译教学的专门性学术会议几乎没有，没有相应的进修的地方和机会，这些都成为提高大学翻译教学质量的障碍。

第四章 基于文化视角的高校英语翻译教学研究

语言与文化有着密切的关系，跨文化交际涉及不同的文化，而不同的文化造就不同的语言。在英语翻译教学中，我们必须重视文化因素的影响。本章主要从文化与翻译的关系、翻译教学的文化转向、翻译误读以及中西方文化差异与翻译这几个方面来分析和研究基于文化视角下的英语翻译教学。

第一节 文化翻译的内涵及翻译教学文化转向的原因

一、文化翻译的内涵

关于文化与翻译密不可分的关系，人们几乎没有任何异议，但是对"文化翻译"这个术语的内涵还有争议。尤其是由于汉语本身的概括性和模糊性，导致对"文化翻译"术语理解具有多样性。奈达认为"文化翻译"是在某种程度上符合译入语文化的标准而改变信息内容，或者在译文中引入了原文语言表达中并未隐含的信息。文化翻译与语言翻译相对。文化翻译是常用的学术用语，但是对文化翻译的含义没有系统、明确的界定，不同的研究者从各自的出发点给出了不同的解释,在英语的表述中有人说成是"translating culture",也有说成是"cultural translation"。本书选择了"cultural translation",因为后者的表述比前者的意义更为宽泛。

《中国译学大辞典》对"文化翻译"的解释是:"文化翻译(cultural translation)着力于对文化内涵的准确转达,甚至基于本土文化的重新解释。即用一种语言表达的文化内容转换成为另一种语言表达形式,其忠实与否很大程度上取决于译者对所涉及的两种语言的掌握程度以及这两种语言在内容表达上产生的细微差别。"[①] 这一解释表明了文化翻译的内容是对文化内涵的准确表达,关注的是微观的翻译技巧,并提出了影响文化翻译的因素是译者的素质、工作语言之间的差异,不强调完全忠实于原文。对文化的解释也是一种文化翻译的方法。这一论述对文化翻译的理解与奈达提出的文化翻译概念基本一致,二者都认为文化翻译就是对文化内容的转换。

同时,在该词典中还出现了文化翻译学的术语"文化翻译学",即文化学、文化语言学与翻译学相交叉而产生的一门新学科。翻译学是研究不同民族之间的思想沟通、文化交流的学科,它的任务和目的决定了它必然列入交叉研究范围。文化翻译学属于基础翻译学,它的研究对象既是语言文化,又是翻译,是语言文化中的翻译问题和翻译中的文化问题的统一。它以语言文化为呈现,但立足于翻译,从复杂而又处于动态多变过程中的整个文化场中考察语言翻译,发掘翻译中的一切文化因素,

---

① 方梦之.中国译学大辞典[M].上海:上海外语教育出版社,2011.

并从翻译中反观文化。这里把文化翻译作为一门学科来看,扩大了文化翻译的研究视角。把翻译和文化置于一个互动的研究框架中,相对于狭义的文化翻译,文化翻译学考察的不仅是文化信息的翻译,同时在文化场中考察语言翻译,也就是关注影响语言翻译的文化因素,包括政治、社会、意识形态、诗学等所有外围因素。

根据以上的考察与分析,笔者认为文化翻译可以从三个方面理解。

第一,文化翻译是一种视角,从宏观的文化视角下考察翻译行为、翻译过程及翻译的作用。文化翻译是不同文化之间的对话和交流,通过这种对话和交流促使不同文化繁荣发展。不管是强势文化,还是弱势文化,在交流的过程中都能获益,文化翻译是一种双赢。

第二,文化翻译是一种态度,是一种对待翻译的正确态度。在文化全球化的影响之下,文化普遍主义和文化相对主义的认识论经历了大幅度的调整和修改。对文化差异的正确认识,有助于推动多元文化的发展,并通过文化参与,促进多元互补,形成有机互动,有利于克服文化民族主义,通过文化翻译促成世界多元文化格局。

第三,文化翻译是具体的策略和方法,关注翻译文本中文化信息的传递,这是文化翻译参与文化建构的基石。先勾画宏伟的文化建构蓝图,再通过具体的文化翻译策略逐步建构文化交流的桥梁。因此,文化翻译既是认识论,也是方法论和目的论。在认识论的层面,关注文化和翻译的互动关系;在方法论层面,关注具体文化信息的表达;在目的论层面,文化翻译最终的目标是促进文化的多样性发展以及各民族文化和谐共存。

二、翻译教学文化转向的原因

（一）不同语言间存在哲学思想的差异

哲学是最能表现一个民族文化的精神产品。中国传统哲学以"天人合一"为主导，西方哲学以"天人相分"为前提。中国哲学以人生哲学为核心，以道德和艺术为精神，以直觉和领悟为方法，突出至善至美的价值功能。因为注重天人相分，西方哲学以本体论和认识论为基本内容，以逻辑分析为主要方法，带有科学精神和宗教幻想，充满理性色彩，以求真求知为主旨。

受传统思想的影响，中国人轻个人、重集体，而西方恰恰相反，重个人、轻集体。中西方对人生本位的认识，就出现了集体本位主义和个人本位主义的差别。西方人崇拜个人奋斗，尤其为个人取得的成就而自豪，从来不掩饰自己的自信心、荣誉感以及在获得成就后的狂喜。相反，中国文化却不主张炫耀个人荣誉，提倡谦虚谨慎。一般来说，中国人大多反对或蔑视王婆卖瓜式的自吹自擂，然而中国式的自我谦虚或自我否定却常常使西方人大为不满。从群体本位和个体本位的不同原则出发，不可避免地导致了中西文化在性格和社会价值取向上的差异，导致了中国人注重节制、追求和谐平稳的文化性格与西方人鼓励竞争、追求功利、崇尚力量和进取的价值目标的差别。这一差别不仅体现在双方的思想和行为方式上，也充分表现在中西文化的不同风格中。

（二）不同语言文化背后的生活习惯差异

1. 中西方行为规范的不同

行为规范的具体含义是指被社会所共同接受的道德标准和行为准则，简单地说，就是告诉人们该做什么和不该做什么的一种规范。不同文化背景的人们在交流时，经常出现的一个现象就是套用自身所在社会的行为规范来判定对方行为的合理性，由于双方的行为规范存在差异，常常会产生误解、不快甚至更坏的结果。比如说，中国人轻拍小孩子的头部表示一种友好；而在西方国家，这是一种极不尊重小孩子的做法，父母会对此非常愤怒。所以说，在跨文化交流中能否正确地识别和运用行为规范是保证跨文化交流顺利进行的重要因素。要保障跨文化交际的顺利进行，就必须理解对方的行为规范，尤其是对方禁止的行为。

2. 中西方交流方式的不同

由于生活在不同的文化背景中，各民族逐步形成了不同的社会心态，即使对同一事物也往往存在着不同的好恶。如打招呼，在西方国家，无论是城市还是乡下，当人们在路上邂逅时都喜欢谈论天气，"Lovely weather, isn't it?"或说一声"Hello!"或按时间来区分说"Good morning!"或"Good afternoon!"就可以了。而在中国，人们在问候时大多使用"吃了吗""上哪去""最近忙什么"等问题，这体现了人与人之间的一种亲切感。但对西方人来说，这种打招呼的方式会令对方感到突兀、尴尬甚至不快，因为西方人会把这种问话理解成为一种"盘问"，产生对在询问自己的私生活的感觉。

比如告别语的使用。中西语言中有多种不同的告别语。例如，在和病人告别时，中国人常说"多喝点开水""多穿点衣服""早点休息"之类的话，表达对病人的关怀；但西方人绝对不会说"多喝水"之类的话，因为这样说会被认为有指手画脚之嫌，他们常会说"多保重"或"希望你早日康复"等。

再比如，客套语的使用。中国人谦虚、内敛，在与人交流时，讲求"卑己尊人"，并将此看作一种美德，这是一种富有中国文化特色的礼貌行为。一般情况下，中国人在得到别人的赞扬时，往往会自贬一番，以表谦虚有礼；而西方人在受到赞扬时，总会很高兴地说一声"Thank you"表示接受。在中国人看来，西方人过于自信，毫不谦虚；而当西方人听到中国人否定别人对自己的赞扬或者听到他们自己否定自己的成就甚至把自己贬得一文不值时，会感到非常惊讶，认为中国人不诚实。比如，别人夸你："你很棒！"你为了表现谦虚，回答说："哪里哪里，我还差得很远。"这在中国人看来当然是一种谦虚的说法，而在西方人看来，这样不仅否定了自己，还否定了赞扬者的鉴赏力。

3. 中西方对人际关系的认识不同

西方国家受自由思想的影响，在对待人际关系上有两条原则：一是女士优先，二是人人平等。西方国家把"女士优先"这一原则落实得无微不至，大到国家礼节，小到日常生活中每一个小细节。在西方国家，晚辈对长辈，下属对上司，都可直呼其名。而在中国，尊老爱幼是传统美德,对长辈、对领导要心存敬畏,所以在一些场合中不会直呼其名。

4. 中西方对个人隐私的认识不同

中国人热情好客,在交往中饱含热情,嘘寒问暖,似乎没有什么可保留的,对于了解有关年龄、职业、收入、婚姻状况、子女等问题,都觉得理所当然,可以说隐私观念比较薄弱;而在西方国家,特别重视个人的隐私权,凡是涉及个人隐私的都不能直接过问,西方人一般不愿意干涉别人的私生活和个人隐私,也不愿意被别人干涉。比如,中国人会直接询问别人所买物品的价格,因为在中国人看来,物品价格只是表示该物品代表的价值;而在西方人眼里,如果直接询问别人所购物品的价格,意味着在试探对方的经济条件。

(三)不同语言文化背后的伦理道德认识差异

在中国,"伦理"是一个现实、具体的概念,是最能体现人的道德思想和文化核心价值的概念。儒家的道德是从家庭人伦出发,再加上其道德实践中注重人伦之"礼",因此,儒家的道德从本质上说是注重现实社会的伦理道德。中国伦理学的五种基本观念"仁、义、礼、智、信"是儒家学说的主要内容,对中国人的道德观念具有深远的影响。在中国几千年的传统文化中,家庭观念,家庭成员之间的关系、义务和权利已成为中国传统文化的重要组成部分。

西方的道德是抽象的,其建立在对人性的抽象和超越的基础之上,构成了西方道德的实质和核心,是西方社会发展的原始动力,也是社会矛盾的本源。亚里士多德认为，伦理学的对象是善，善就是幸福，幸福是灵魂的一种合乎德性的活动，种种具体的"善"积累成"至善"，这种至善活动是无所为而为的真理观念。他们所关注的是个人的参与、个性的体现、个人自由的不受侵犯和个人价值的实现。

第二节　文化差异背景下常见的翻译问题

一、翻译的可译性与不可译性

可译性与不可译性一直都是翻译界争论不休的问题，也是翻译理论的核心问题，这一问题伴随着整个翻译发展的历史。实际上，可译性与不可译性是一个相对的概念，绝对的可译性与不可译性并不存在，它们只是可译的程度与不可译的程度问题。研究可译性与不可译性问题，对于深入理解翻译理论、有效开展翻译教学与翻译人才培养活动有很大帮助。

可译性指的是双语转换中源语的可译程度。当一种语言或单位不能译成另一种语言或单位，无法使两种不同语言的人群实现沟通和理解，即所谓的"不可译性"。从本质上而言，可译性问题是指用某种语言表达出来的作品的内容思想及精神风貌是否能够用另一种语言完全再现出来，而不是能否可译的问题。可译性问题的提出实际上也反映了一种思想，即对于翻译活动承认译文必须忠于原文，但同时又对译文能否完全再现原文有所怀疑。

"可译性"成为人们关注的焦点源于德国著名哲学家、语言学家洪堡特的研究。洪堡特是最先对可译性与不可译性问题做出系列辩证论述的学者，从语言哲学研究角度，他认为，语言具有普遍性，同时也具有特殊性。人与人都是统一的，任何人都可以生成语言能力，人类本性的统一使人类语言具有普遍的认同。洪堡特也承认普遍之中也存在统一，但他认为语言表面上是千差万别的，本质上却是统一的。普遍性决定了语言的可译性，特殊性则决定了语言的不可译性。洪堡特还指出，语言既有主观性，也有客观性。语言是一种观念精神的存在，不可避免地会反映语言使用者的某种主观意念，所以语言因人而异，表现出语言的不可译性。但同时他也认为语言外在于主体，是人们相互联系而又世代相传的客体。语言的客观存在使语言可以不依赖任何个人而成为普遍的认知手段，表现为语言的可译性。对于不可译性，洪堡特认为，没有一种语言中的词语与另一种的词语完全等值，除非它们是表示很实体的东西。所以，完全的等值翻译是不可能实现的。洪堡特在否定完全等值翻译的同时，也肯定了翻译的可译性，认为每一种语言的创造力都是无穷的，它们可以改变、区分和组合，其方式是无限的，而且翻译的并非语言体系，而只是言语，甚至在某个层面中细节上的不可译的内容，在某个整体中确实是可译的。[①]

在中国千百年的翻译历史中，很多学者很早就注意到了翻译中的可译限度问题。早在东晋时期，佛教学者道安就提出了"五失本"理论，指出了容易使译本丧失本来面目的五种情况，并提出为了让读者理解，译者需要对译文进行修饰。虽然这样的翻译比较困难，但也是可译的。唐代玄奘通过大量的翻译实践总结出了"五不翻"原则，这里"五不翻"并不是指不翻译，而是指"不意译"，也就是音译，而音译也就是不可译。刘宓庆提出了可译性的理论依据，他认为可译性并不是绝对的，而是具有一定的限度，同时指出语言文字的掌握是最常见也是最难逾越的可译性障碍。

可译性与不可译性并不是泛指两种语言之间是否能够互相进行传译的问题，而是指某些感情和艺术色彩以及文化特色比较浓厚的作品，在传译时由于语言的差别而能达到的译文确切性的程度问题。源语与目的语本身有着不同的语言特征和文化背景，因此要实现完全对等的翻译是不可能的。译文只能无限趋近于原文，但无法与原文内容一模一样。对此，奈达认为，在语言间不可能做到完全的对等，因此也没有完全准确的翻译。可以看出，可译性与不可译性并不是相互对立的概念，两者之间存在密切的辩证关系。

在翻译人才培养教学过程中必须深刻了解翻译的可译性与不可译性，把握翻译规律，确保翻译教学顺利开展。

[①] 洪堡特. 论人类语言结构的差异及其对人类精神发展的影响[M]. 钱敏汝, 译. 西安：陕西人民出版社，2006.

二、翻译的文化等值与欠额

翻译不仅是语言语义的交流,更是一种文化交流。翻译追求文化的等值,但因文化背景的不同,在翻译过程中常会出现文化内涵的缺失或不等值传递,进而造成文化欠额问题。等值论是美国学者奈达提出的,他认为翻译有两种对等模式,一种是形式对等(formal equivalence),一种是功能对等(functional equivalence)。[①] 形式对等主要关注的是语言本身的信息,包括形式和内容;功能对等主要关注的是翻译的效果,即读者的反映。在翻译过程中,如果过于注重形式对等,而忽视功能对等,就会造成文化信息欠额。

(一)翻译中的文化等值

翻译不仅涉及两种语言,也关乎两种文化,不仅是两种语言之间的转换,更是两种文化的转换。翻译的一端是原文,另一端是有着社会文化经验的读者。介于原文和读者之间的译者通过发现和利用两种语言之同质,为原文和读者搭建起沟通的渠道——译文,其重要任务就是要处理好翻译过程中的文化障碍问题。因此,翻译要做到形神兼具,应坚持"得其精而忘其粗,重其内而忘其外"的原则。往往语言所传递的不仅仅是表层的言语信息,还包含一定的深层文化内涵,译者需要透过字面意思去挖掘深层的文化信息。这样既能有效传递原文的深层文化信息,又利于文化的接受与传播。例如:

---

① 王功菊.功能对等在语篇翻译中的运用[J].淮南师范学院学报,2022(1):134-137.

赵爷今年五十九,两个儿子,四个孙子,老两个夫妻齐眉,只却是个布衣。

(《儒林外史》第十七章)

Dr.Zhao is fifty-nine this year and has two sons and four grandsons while his wife has grown old with him, he is still an ordinary citizen.

(杨宪益、戴乃迭译)

"布衣"在我国古代是对平民的指称,因平民生活简朴而穿着粗布衣服而得名。若将"布衣"直译为"coarse clothes",则只能体现出"布衣"的本义,却很难体现"赵爷"的社会地位。译文使用"ordinary citizen",准确地表达了原文的文化内涵。

总体而言,翻译是一种文化信息传输和接受的互动过程,而要达到文化信息传输和接受的互动效果,就必须保证文化信息传输的充分度。因此,文化翻译应注意文化信息和内涵的等值,避免简单的字面转换,减少翻译中的文化欠额。

(二)翻译中的文化欠额

纽马克将文化欠额翻译定义为"在翻译中零传输或者部分传输了源语文化环境中的内涵信息的现象,即译文所传递的文化信息量小于原文的文化信息量"[①]。语言通常会包含一定的文化信息,文化欠额翻译就是将原文中的文化信息进行不完整的传输,这会严重影响译文质量。

例如:

---

① 转引自王晋瑞.超额翻译和欠额翻译的成因探讨[J].华中科技大学学报(社会科学版),2008(3):98-101.

做中人的卫老婆子带她进来了,头上扎着白头绳,乌裙,……年纪大约二十六七。

(鲁迅《祝福》)

译 文 1:Old Mrs.Wei the go-between brought her along.She had a white band round her hair and was wearing a black skirt. …Her age was about twenty-six.

译文 2:Auntie Wei, who is a go-between, brought her along.She had a white mourning cord around her hair and was wearing a black apron. …Her age was about twenty-six.

译文 1 中将"卫老婆子""乌裙"分别译作"Old Mrs.Wei""black skirt",并没有很好地表达出原文的文化内涵。在西方社会,妇女出嫁后可以不改名,但要改为夫姓。在而中国,由于宗法制度影响深远,妇女的姓氏作为其所属宗族的体现,即使出嫁仍不能更改。原文中"卫老婆子"的"卫"姓并非其夫家的姓氏,而是她自己宗族的姓氏,将其按照英语的习惯翻译为"Mrs.Wei"显然不符合汉语文化习俗。原文中的"乌裙"翻译为"black skirt"看似并无不妥,然而在中国封建社会,服饰具有非常明显的社会等级特征。原文中的"她"是去别人家当佣人的,社会地位较低,"black skirt"与"她"的身份是不相符的。她所穿的"裙"其实是套在自己的衣服外面防止衣服被弄脏的一种工作服饰,相当于英语中的"apron"。根据汉语的文化习俗,译文 2 将"Old Mrs.Wei"改为"Auntie Wei",将"skirt"改为"apron",既体现了原文的情节,又传达了原文的文化含义。

例如，在翻译"Shall I compare thee to a summer's day?"这一莎士比亚的名句时，很多译本都将其译为"能把你比作夏日吗？"实际上，因英国和中国的地理位置有很大的差异，夏日的含义也有所不同。英国的纬度较高，同中国哈尔滨所处的纬度大致相同，没有酷热的烦恼，所以"summer's day"在英语中只是"葱郁繁茂和生机活力"的象征，但中国的夏日常给人"酷热难当"的印象和感觉。直译使原文中反映地域文化内涵的信息消失了。根据不同文化间的差异，将原句译为"我可以把你比作充满生机的夏日吗？"更为妥当，更能反映原文的文化内涵。

在文化翻译中，过于注重字面信息的等值，就很容易造成文化信息的欠额。通常，文化信息欠额与文化信息量呈反比例关系，即翻译中传递的文化信息量越小，文化信息欠额就越大。相反，传递的文化信息量越大，文化信息欠额就越小。

三、文化差异下翻译的词汇空缺

（一）词汇空缺的含义

由于人类社会的语言和文化不尽相同，反映在词汇层面就形成不同民族语言的个性，即一个民族中的词汇在另一个民族中不存在，这些词汇的概念义和内涵对于其他民族的人而言都是十分陌生的，这种现象就是"词汇空缺"（lexical gap）。

词汇空缺是一种普遍的文化现象。例如，英语中有"strong point"

和"weak point",但汉语中只有"弱点",而没有"强点"的说法。反过来,汉语中有"长处"和"短处"之说,而英语中只有"shortcoming"的对等说法,但却没有"longcoming"的说法。汉语的"果品"对应单词"fruit",英文的"nut"对应中文"坚果",但是坚果不属于水果类。词汇空缺势必会给两种语言的转换和文化的交流带来一定的困扰,所以在翻译教学过程中要注意这一现象。

(二)词汇空缺造成的翻译难点

1. 双语信息空白

词汇空缺的其中一种表现为双语信息的偏差,即一种语言中所特有的词汇在另一种语言中为空白。对于这种情况,译者在翻译时很难找到相对应的表达。例如,在汉语文化背景下,表示"携带"意思的动词有着不同的说法,如"提"包、"挑"柴、"挎"篮、"拎"桶等。但英语中则没有如此详细的划分和说法,表示"携带"意思的词语只有take,bring,carry,fetch等,并且与汉语表达不完全对应。这种信息空白给翻译带来了一定程度的困难。

2. 文化内涵不对等

词汇空缺还表现在文化内涵不对等,即一种语言中的词汇在另一种语言中有相应的表达,但所承载的文学信息却不相同。如果在翻译中忽视这一点,将很容易造成文化信息的丢失,进而使读者产生错误理解,甚至会引起文化冲突。例如,"熊"在中国人眼中是一种行动缓慢、呆傻样态的动物,因此人们常用来喻指那些不够机敏的人,汉语中有"熊样"这一说法。而"bear"在西方人看来是一种凶残的动物,用来指代那些鲁莽的人,如"like a bear with a sore head, as cross as a bear"表示"脾气暴躁"。可见,文化内涵的不对等也会给翻译造成一定的影响,容易导致译文文化信息的流失,因此在翻译教学过程中要注意这一点。

第三节 中西文化对比背景下翻译教学具体分析

一、结合现实语境进行翻译

翻译人员在跨文化交际的具体翻译过程中,应高度重视的就是语言环境。虽然对于普通研究人员来说,语言环境问题始终与特定的语言相关,但在实际翻译中,特别是在跨文化交际翻译中,翻译人员应重视的语言环境并不只是单纯地翻译文本的语言环境,同时还包括了源文本的语言环境。只有这样,才能让不同文化背景的交际主体顺利地进行沟通与交流,有效完成翻译工作。反之,则会导致对他国文化语言环境的忽视,进而造成翻译失误,信息无法正确地传递给目的语受众。同时,还存在一个至关重要的问题,就是某些翻译,虽然在语法上没有任何失误,但却在实际阅读过程中缺乏目的语的感觉。研究人员将这种情况解释为中英文的实际交际问题,该问题也同样存在于其他两种不同语言的翻译当中。

由此能够看出,对于翻译效果而言,语言环境尤为重要,结合现实语境的翻译方法主要强调的就是依据两种语言各自所处的语言环境,利用增加或是删减语言环境要素来实现翻译活动中真实含义的转达,特别是在翻译文学类作品时,该种翻译方法的现实意义更强。不同国家均有着各自独特的文化体系,中西方文化间的差异性会对跨文化交际翻译造成不同程度的影响。对此,就需要翻译人员对中西方文化进行全面深入的了解与掌握,在翻译过程中,充分遵循得体原则,利用科学合理的翻译方法准确地向受众群体表达真实含义,以此来加强中西方的文化交流与沟通。

二、熟知背景文化

不同类型的英语翻译,其要求不尽相同。以商务英语为例,其使用的词汇要求非常精准,涉及的词汇量较大,其中多数具有商务意义,一旦信息失去其原有意味,则可能给公司带来损失。在日常生活中,"clear"是"清洁"的意思,而在商务英语领域,则表示"出货"和"结算"。同时,不同的学科,商务英语词汇的意义表达不同,经常出现一词多义、一词多用的现象。对于英语翻译工作者而言,要深度解析词汇背后的文化意义,进而完整、精准地表达译文内容。

中西方文化均是历经长时间的沉淀与积累形成,具有多样性、稳定性等特点。英语翻译者做好本职工作的首要基础是,深入了解中西文化差异，不断学习，提高自身翻译水平，更好地应对中西文化差异对英语翻译的影响。在此过程中，译者可充分借助互联网加强自主学习，不断开拓知识视界，了解外国文化，并注重与中国文化的对比研究。

三、适当加词语注释

基于中西文化差异的英语翻译，时常出现理解歧义等问题。在具体的翻译实践中，为了最大限度地保留原文文化色彩，避免误导读者，可采用加词语注释的方式，帮助读者深入理解。例如，成语"东施效颦"，如果直译过来，很容易导致国外友人在阅读时产生困惑，因此，可翻译为"Dong shi imitates Xi Shi"，并在其后加上"Xi Shi was a famous beauty in the ancient Kingdom of Yue.Dong Shi was an ugly girl who tried to imitate her way."的注释，如此词语的内在文化内涵一目了然。又如，英文句子"It was Friday and soon they'd go out and get drunk"，如果直接翻译过来是"星期五到了，他们又要出去喝个痛快"。表面看来并无问题，但是为什么一到星期五就要出去喝酒，容易引起读者的思考。事实上，周五是英国发薪酬的日期，所以，在具体的翻译过程中，可适当增加一些表达意义的方式，故将之翻译为"星期五发薪日到了，他们又要出去喝个痛快"，使原文中的文化色彩得以展现。

四、注意采用词义的扩展与相近词意译的方法

文化差异体现在中西方文化的各个方面,面对这种文化差异,英语翻译者要注意寻找要转化的目的语的相似词语或者扩展词义,架起不同语言之间差异表达的桥梁,最大化地实现不同语言之间的文化互通。例如,中国的杜康酒,被直接翻译为"DuKang",但是这种译法并不能表达"杜康在中国是好酒"的内涵,因此,必须予以词义扩展,找到目的语中类似的代表词来表达杜康。另外,有些词语或者句子在翻译的过程中并非概念或者规定的词语所能表现,因此在翻译的过程中不能根据词语本身的概念义进行翻译,可以寻找能够表达其真实含义的词语进行替代翻译。例如,英文词组"red ideas"翻译为中文,应当采取意译方式,扩展词语内涵,翻译为"革命思想、进步思想"。

第四节 翻译教学中学生跨文化意识的培养

一、英语翻译教学中跨文化教学的缺失

在当前的大学英语教学中,翻译教学易被忽视。翻译作为一门课程,长期以来只是英语专业学生的必修课。虽然有高校为非英语专业的学生开设了翻译课程,但是对于中国大多数高校而言,英语翻译只是大学英语教学的手段之一。学生虽有机会进行英汉互译,但主要目的不

是翻译实践，而是衡量学生对句型、词汇的掌握和应用情况。现在，教师将大学英语教学的主要精力都放在了提高学生的英语水平上，但是英语水平并不等于英语的翻译水平，前者是学生掌握英语语言的程度，而后者是学生运用这种语言的综合能力。语音标准、词汇量大、句型熟悉、阅读速度快，这些都是学生应具备的良好的基本素养，但是并不能保证学生具有良好的翻译能力。在翻译能力的培养中，有一点尤为重要，即翻译实践中不可或缺的跨文化素养。大学英语翻译教学中则忽略了这一重要因素，学生普遍缺乏跨文化知识。缺失了跨文化知识，学生在翻译实践中就会面临很大的问题。很多学生能够翻译词句，但是如果词句中涉及历史、风俗、思维习惯、宗教等背景，往往就束手无策了。

例如：

Exporting to a certain number of countries is made difficult by the quantity of red tape.

在该例句中，"red tape"对于绝大多数学生而言，是理解的难点。如果不求甚解，翻译成"红带子"，那学生就不知所云了。"red tape"以前在英国是用来捆扎法律文件的，后用于指"官僚主义程序"（bureaucratic procedures）。这里将"the quantity of red tape"翻译成"各种烦琐的公事程序"，就比较妥当。

例如，词汇中意象的联想。"gild the lily"和"lock the stable door after the horse has been stolen"这两个短语，学生通常会按照中文词汇意象的联想得出"锦上添花"和"亡羊补牢"这样的错误理解，而这两个短语实际的意思是"画蛇添足"和"贼走关门"。这两个在英语和汉语里唤起正好相反的联想的成语在形象上却是颇为相似的。这种错误理解在听力和篇章阅读中影响并不大,只有在翻译中才会体现出来。

再比如句子中含有的英语思维方式。例如:

It looks as if we are thinking along parallel lines.

该如何理解"parallel lines"呢?字面意思是平行线,如果按照平行线的概念来理解,那就是平行→不交接→观点不一致。但是英语的思维方式却是:平行→不交接→不矛盾。在汉英翻译方面也会遇到这样的问题,我们的文化到底该怎样介绍?学生如果不了解英语国家的现状,就很难准确把握分寸。如果该英语国家对我们的文化知之甚少,我们在翻译的时候解释的成分就应该多一些;如果该英语国家对我们的文化有所了解,不妨保留一些源语成分。

例如,"麻婆豆腐"这个菜名应该怎么翻译?是翻译成 Mapo Tofu, Mapo beancurd,还是 Pocked grandmother's Tofu 呢?随着中国菜在国外的普及,豆腐一般都以"tofu"的形式出现,英语国家的人已经接受了"tofu"这样的外来词,很少使用"beancurd"。那么"麻婆"究竟是用"Mapo"还是"Pocked Grandmother"呢?英国 BBC 的纪录片《发现中国:美食之旅》在介绍成都美食时,直接就使用了"Mapo Tofu"这样的翻译。在具体翻译的时候,如果篇幅和语境允许,不妨对"Mapo"加以注释,以增加翻译的文化承载量。无论是英汉翻译,还是汉英翻译,都讲究"知己知彼"。因为翻译是两种文化之间的交流,在真正成功的翻译中,熟悉两种文化甚至比掌握两种语言更为重要,因为词语只有在其对应的文化背景中才有意义。所以说，要培养学生的翻译能力，就绝对不能忽视跨文化教育。

二、英语翻译教学中跨文化能力培养的意义

（一）有利于深化对原文的理解

英语翻译的三部分别是原文的理解、译文的表达和译文的校验。原文的理解对把握原文的意思和内涵起着重要作用。所谓原文的理解，是从语言方面对词汇、语法及语篇的结构等部分进行深刻地理解，不单单是普通的阅读理解；再进一步，对原文的文化背景、情感表达和文章宗旨等都需要理解透彻。在此过程中，更深层的理解是非常重要的，假如对原文没有做到深入的理解和基础的翻译，就会导致翻译变得一文不值。在大学英语教学中，如果教师能够把学生的跨文化思想教育好，在这个基础上，学生进行英语翻译时，可以融合西方的文化，在学习翻译的同时也能更了解西方文化，最终正确且完整地完成原文深层次的翻译。

（二）有利于优化译文表达

英语翻译不完全是单纯地将原文的词语和语句结构用最直接的方法变换成目的语的语句。假如用最简单、直接的方法从语言层面对英语原文进行翻译的话，这样翻译出来的东西只具有形式化味道，不可能把原文想要表达的内容和意义阐释清楚，更不可能表现出英语原文的内涵。例如，翻译"It had been a fine, golden autumn, a lovely farewell to those who would lose their youth, and some of them their lives, before the leaves turned again in a peace time fall.（这是一个晴朗的、金色的秋天，是对那些在和平时期落叶归根之前失去青春和生命的人的一次可爱的告别。）"如果单纯地用中国人的语言习惯来表达，很可能没办法阐述明白这个句子的内涵，但如果改用西方文化来翻译这句话，不仅能清楚地表达含义，还可以让整个句子增添美感。因此，在大学英语翻译教学中不断培养跨文化思想，对优化译文的表达有很大帮助。

三、英语翻译教学中跨文化交际能力的培养策略

（一）培养对文化差异的敏感性

文化价值观是一种比较持久的信念，可以决定个体、群体的生存形态、行为方式或准则，判断是非、美丑、爱恨，因此它很容易引起种族优越感、不同的感性认识、交际中的误解及态度等问题，从而导致文化冲突。文化冲突的出现是因为来自不同文化的人具有不同的价值观和行为准则，个体往往根据自己文化的价值观和准则行动，而对方所持的观念可能从相反的角度解读其行为，这就造成误解和冲突。不同文化给人提供不同的思维方式——看、听、阐释世界的方式。与来自不同文化的人交流是很有挑战性的，文化差异会造成对自己和他人行为的期望的复杂性，误解他人的观点、行为、动机从而造成冲突。

除了培养自我意识，加强对自我主体的关注即文化自觉外，我们必

须考虑培养大学生对文化差异的敏感。当我们考虑其他文化时,我们常常将它们与自己的文化相比较,因为我们对自己文化的了解胜于对"异文化"的了解,我们倾向于认为异文化很奇怪。因为从我们出生起就学习用特定的方式进行解释和理解彼此,当遇见不同的解释体系时我们可能会感觉它不是"正确"的方式,我们倾向于保卫自己的文化并将它视为准则,而将其他的文化模式看成是错误的。这也许是人类对差异的自然反应,但却是我们需要努力克服的。不同的群体在面对生存的挑战时,有不同的解决方法,倘若每个群体都声称他们关于生命如何生存的方式是唯一正确的,其他的方式都不正确,这就极易导致冲突。因此不应该拒绝其他群体生存的方式和他们的价值观,而应尽力理解来自不同文化的观点。

大学英语教学中应该注意培养学生对不同文化的包容态度,学生应该对异文化持开放的心态,即使无法接受异文化,也要设身处地将异文化中无法理解的部分置于其特定的历史和社会背景中,了解其产生的缘由,平等对待异文化与母语文化的差异,而不是嘲讽和轻视异文化。保持自己的价值观,如判断和坚持什么是正确的或错误的,是很有必要的。对其他文化持开放态度并不意味着放弃判断力,而是放弃建立在无知之上的预先判断,开放意味着愿意通过研究其他文化来学习并发展自己的价值观。

在和西方世界保持接触、进行交流的过程中,把我们文化中好的东西讲清楚,使其变成世界性的东西。一方面要承认我们中华文化里边有好东西,进一步用现代科学的方法研究我们的历史,以完成我们"文化自觉"的使命，努力创造优秀的符合我国国情的中华文化。一方面要了解和认识异文化，学会解决各种不同文化接触的问题。

对周围环境和他人敏感是有能力的跨文化交际者的标志之一，跨文化敏感是一种个体的、能理解和欣赏文化差异的能力。在大学英语教学中可以从两个方面培养大学生的跨文化敏感性。

（1）学习母语文化的本质以及母语文化区别于其他文化的主要特点，即"知己"。

（2）培养对目的语文化的理性分析能力，即"知彼"。

跨文化敏感性培养可以帮助学生在心理上和方法上做好准备以应对不同文化，减轻他们面对不同文化时的不适应。可以在大学英语教学中培养学生的跨文化敏感性，使其掌握相应的语言知识，同时使其熟悉目的语文化中特有的、具体的表达和交流方式，如手势、礼节、习俗等，以授课的方式系统介绍目的语文化的内涵与特征。同时，通过文化讨论的形式，组织学生探讨目的语国家文化的精髓，适当组织各种活动，让学生与外教、留学生有更多接触和交流的机会。

文化敏感性可以划分为五个阶段：

第一阶段是无意识无能力阶段，指个体没有跨文化交际的意识，通常会无心地或无意识地得罪来自另一文化背景的人。

第二阶段是有意识无能力阶段，指个体已经具有了跨文化交际的意识，知道这样做是错的，但却不知道如何做才是正确的。

第三阶段是有意识有能力阶段，指个体知道怎样做是错误的，也知道了在具有其他文化背景的人们面前怎样做才是正确的。

第四阶段是无意识有能力阶段，指个体能自如地与来自其他文化背景的人进行交流，真正做到了"双文化"或"多文化"。

第五阶段无意识超能力阶段，这是"多文化"的表现，但是并非所有的人在任何时候都能达到这个水平。

由于大学英语教学的课时和内容有限，能达到第三个阶段或以上即可。

跨文化敏感培训是一种消除文化障碍的方法，通过训练可使学生学会如何倾听并了解自己和对方的情感，加强自我意识和对不同文化的适应能力，并促使学生与来自不同文化背景的人员进行有效的交际，使大学生能够发现和学习原来自己没有注意到的文化差异，打破心中的文化障碍，增强合作意识，减少文化偏见，增加相互间的信任，提高大学生对不同文化的鉴别和适应能力。

（二）加强跨文化交际能力训练

培养大学生的跨文化交际能力就要加强跨文化培训，跨文化培训是解决跨文化冲突的有效途径，跨文化培训本身也是一种学习。当前的大学英语教学偏重于纯语言技能的训练，忽视了对大学生的跨文化培训。跨文化培训一般包括目的语文化和母语文化的比较、文化敏感性训练、习俗介绍、生活方式介绍，以及跨文化交际及冲突解决能力等。通过跨文化培训，全面系统地讲授目的语文化的价值观念、伦理道德、风俗习惯、法律制度等，提升大学生对目的语文化的认识和文化敏感性，使学生理解和尊重异文化，减少文化冲突。跨文化培训还包括培养大学生的观察能力和面对面的交际能力，使学生在模拟真实的交际场景中学习目的语文化。

培养跨文化交际能力还要帮助大学生树立全球化意识，一部分的大学英语教育应该致力于培养面向世界的全球化人才，使学生具备跨文化能力，适应全球市场的要求，从而共享全球资源。

美国社会心理学家约瑟夫·勒夫特和哈林顿·英格拉姆提出的"约哈里之窗（Johari Window）"理论，将交际双方对彼此的了解分为四种情形：自己知道、自己不知道、对方知道、对方不知道。四种情形组合成四个区域：开放区、盲目区、隐蔽区、未知区。"约哈里之窗"对人类交际中可能出现的状况进行图解，人们据此可以采用相应的措施提高交际质量。要提高交际质量，双方都必须扩大开放区，同时缩小盲目区、未知区和隐蔽区；交际双方还必须对自己的和对方的文化有系统的了解，要对彼此的异同有洞察；交际双方也应该对自己的文化做尽可能多的介绍和解释，使对方明晰；来自不同文化背景的交际者应该把握机会做尽可能多的直接交际，从而更深刻地理解和体验异文化。

在大学英语教学中进行跨文化能力的培训，具体可以从以下几方面入手。

1. 文化讲解

向学生提供关于目的语的文化概况，这是目前大学英语教学中采用得比较多也是相对最为简易的方法，目的是提高大学生跨文化认知水平。内容可包括有关目的语文化的历史、人文、制度、经济、习俗等方面的知识，学生可以从中体验文化差异、了解目的语国家的价值观、理解母语文化。例如，通过展示国外的各种交通工具票据、钱币、照片等，与中国的同类事物对比;收集目的语国家的报纸和杂志,然后与中国的报纸、杂志进行对比,发现其中反映的价值观的差异;给学生一些英语成语让他们讨论与汉语成语、谚语的异同等。

2. **深度分析**

教师和学生可通过利用网络或影像等方式对实际案例进行研究与分析,这样不仅能够大大增强学生观察文化差异的能力,还能够很快接受异文化,同时能够使学生有机会通过各种不同的场合扮演不同的角色来交流,这种模拟的形式可以大大提升学生对异文化的认识水平,让学生认识到文化之间存在的差异并改变自己的应变能力,认真准确地对母语文化与目的语文化的异同进行分析,同时对它们之间存在的不同价值观和不同的准则等进行全方位的考虑。例如,利用一些国外的庆祝仪式和节日庆典等具有特殊意义的影视片段让学生观察。通过观察这些最接近我们日常生活中的场景,既能让学生了解异国的文化特色,还能领会其中的价值观。除此,还可以让学生查找一些跨文化交际失败的案例,并进行深入分析,让学生探讨这个过程中的错与对,找出解决的办法。

3. **实际体验**

运用实际体验的方式增强跨文化交际能力:第一,师生之间相互体验。第二,学生和留学生之间的互动体验。这两种体验方式都可以增加大学生对异文化的认知度和认可度。例如,仔细观察在我们母语文化中认为正确但被异文化所否定的行为,不断提高学生的应对能力和解决文化冲突的能力。再如,可以通过大学生对在华的外国人进行采访,并写出交谈过程中学到的知识和感言;同时分析对话中的细节,如外籍人士运用的交谈方法,他们在插话和深入交谈时的语序方式,以及外籍人士借助非言语沟通的方式,如眼神和手势等。

第五章 高校英语翻译教学模式探索

第一节 国内外高校英语翻译教学模式概述

一、国外高校翻译教学模式

(一) 英国

英国本科阶段开设翻译专业的大学不多,大约只占 1/3。研究生阶段的翻译教学比重偏大,教学培养模式呈多元化趋势,而且由于培养目标和培养方式的差异,不同类型的翻译教学在课程设置和师资配置上不太一样。纵观近几十年翻译教学的发展,英国的翻译教学可粗略地划分为以下四种培养模式。

1. 以会议翻译(口译)培训为主的职业培训

该培养模式的主要形式是各大学举办的翻译培训班,学习结束后发放翻译证书或翻译文凭。这类学校沿用了法国巴黎高等翻译学校的培训模式,培养对象以口译或会议翻译人才为主。这类教学积极应用达尼卡·塞莱斯科维奇的释意理论,将翻译视为交际行为而不是交际结果,注重翻译中译员的心理过程。此外,译者被看成画家而不是摄影师,译者必须传译的是原作的思想而不是词句和语言结构。也就是说,翻译的单位是篇章,是话语,而不是词或句子。这类学校注重技能训练,强调训练程序与方法。教学中重视培训译员听、译篇章,分析内容,利用形象化等手段记忆信息内容,归类、听懂并记住数字,复活大脑的被动记忆,并学会一边听一边译,使语言表达清楚准确。教授翻译的人员大多是职业会议译员或译者,同时懂得教学方法。他们要求学生的第一外语或第二外语达到理解无困难,母语表达准确、贴切、娴熟的程度,其智力和分析综合能力及文化修养应达到较高水平。课程设置除了即席翻译和同声传译,还讲授经济、法律、语言学、翻译理论等课程。为保证学生熟悉未来职业,学校常邀请一线的口、笔译工作者来校讲学,以保证学生与该行业从业人员有接触,并常在毕业前安排学员赴校外相关机构或国际组织进行实习。

2. 以德国翻译教育家威尔斯的语言学理论模式为基础的教学方法

这种模式主张将专业知识的翻译视为应用语言学的范畴,在四年的翻译教育中将语言的学习与翻译技巧的训练结合起来,以培养复合型翻译人才。其培养模式以赫瑞瓦特大学语言学院苏格兰口笔译研究中心为代表。其培养目标、课程设置和教学方法充分体现翻译语言行为的理论思想与特点。口、笔译研究的培养目标是使语言学的毕业生掌握宽泛的口、笔译特殊技能,以适应多种职业的要求。其博士学位的主要研究方向是口、笔译研究，话语语言学和交际学。口笔译研究中心开设的主要课程有对比语言学，翻译理论，准备和现场翻译，笔译研究，会议与联络翻译，改写、编辑、摘要与校对，科技与翻译，双语社会与文化研究等。然而，口笔译研究中心的教学内容并不严格地局限于狭隘的翻译。除了语言教学、应用语言研究之外，还要求学生学习社会、文化、政治和经济方面的知识。口、笔译专业的研究方向也十分广泛，如技术翻译、机器翻译、文学翻译、媒体翻译、会议翻译、联络翻译和翻译理论等。

3. 功能主义理论的培训模式

以弗米尔为代表的翻译功能学派主张考虑译者的翻译环境，不能将翻译局限于语言学或文学的狭隘层面。译者应在跨文化的交际中发挥相应的功能。采用此理论的教学机构在翻译领域或语言学领域的学术实力较强，往往采用学院式培养模式培养专家、学者型的翻译研究人才，沃里克大学的英国与比较文化研究中心是这类培养模式的代表。沃里克大学始建于20世纪60年代中期，该校的英国与比较文化研究中心始建于1977年，如今已是英国最大的翻译研究与教学基地，能够授予翻译研究的学生学士、硕士和博士学位。从该研究中心的名称中可以看出，该校的翻译教学与文化研究紧密联系在一起，教师都是翻译家，其研究兴趣几乎涵盖了文学和文化的各个方面，如翻译理论与实践、翻译史、后现代主义批评、美国文学、文艺复兴时期的诗歌、爱尔兰研究、英伦三岛比较文学等。课程设置包括核心必修课、选修课和论文写作。翻译研究生的核心必修课包括翻译与接受研究、翻译理论史。前者将翻译视为"文学变化与发展的塑造力量",分析考察"不同文化之间文本的传播过程",考察翻译在文学系统中引进新观念、新形式、新类型的方式,并且考察不同文化的读者接受文本的方式;后者旨在考察翻译理论的起源、翻译态度的变化,以及翻译评价标准的变化和翻译实践模式的变化。翻译研究的选修课程极其广泛,主要有以下几门:诗歌与翻译、戏剧翻译、翻译与性别、翻译与后殖民主义、学习方法论与研究技巧等。学生通常要求具有相关领域的知识与经历,并具有相应的学位。从来可以看出,沃里克大学主要采用学院式的培养模式,培养学术型的翻译人才。翻译类型侧重于笔译,特别是人文和社会科学的翻译,自始至终强调翻译的文化功能、社会影响。

4.计算机辅助教学模式

计算机辅助教学已经在越来越多的学科和课程中得到应用,尤其是计算机智能辅助外语教学,从理论到实践都有令人惊讶的效果,这里以曼彻斯特大学理工学院为代表来研究其教学特点。该校的翻译教学设在语言工程系,是包含现代高科技、计算机、语言教学、翻译等学科的综合性教学。该系授予翻译研究的学生学士、硕士、博士学位。曼彻斯特大学理工学院的语言工程系与其他大学的语言学系或现代语言系的区别在于,该校不仅重视学生的语言技巧、翻译能力,而且强调语言知识的作用,强调对不同语言的学习与训练,掌握语言学习的规律。他们认为,纯粹的语言能力在漫长而多变的市场需求和个人的工作经历中很难使学生永远立于不败之地,学生只有熟练地掌握语言学习的规律、方法与使用技巧,才能更好地迎接挑战。以该系开设的术语学课程为例，该课程要求学生掌握术语学的理论框架，利用计算机对术语语料进行分析研究，建立概念结构，认识不同使用者对术语的不同要求，以及术语对信息处理系统的重大作用。因此，该系的毕业生深受市场欢迎，许多人成为术语学专家、词汇学专家、词典编纂者和文献学专家。该系有关翻译的课程十分丰富，而且富有特色，如翻译语言学、翻译方法论、译者信息技术、口译研究、机器翻译、机器翻译评估、计算机辅助翻译、翻译理论、理论语言学、形式语义学、计算词汇学、语料语言学、术语学、言语与语言处理、人工智能以及自然语言处理等。更值得一提的是，该系是英国最大的计算机辅助语言学习基地，研究领域涵盖语言学和计算机语言学等纯理论研究和应用，主要研究课题包括语言工程、理论语言学和翻译研究。

（二）法国

在法国的文化生活中，翻译有着举足轻重的作用。随着社会的发展与国际交流的日益频繁，翻译占有越来越重要的地位。在法国，直接或间接从事翻译的人员也越来越多。培养译员是一项重要的任务，法国在翻译人才的培养方面，积累了相当多的经验，翻译教学较受重视。法国的翻译教学可以分为职业翻译培训、与其他专业方向配合的翻译教学和以教授语言为主要目的的翻译教学。

1. 以职业培训为目标的翻译教学

（1）巴黎高等翻译学校

该校学生来自全球的各个国家，涉及四十多种语言。该校招收对象为文、理、法、社会学各科大学毕业生,新生没有数量限制,但入学考试十分严格,除了翻译需要的相关能力的考查外,还对其未来将适用的工作语言水平要求很高。学校下设三个系:口译系、笔译系和研究生系。口译系学制2年,第一年学习即席翻译,第二年学习同声传译,同时开设经济、法律、语言学、翻译理论、术语学等课程,每周总课时大约24小时。笔译系学制一般为3年,第一年开设基础翻译课,第二年开设经济翻译课,第三年开设科技翻译课,同时开设口译系翻译课除外的其他课程。两个系还同时开设母语及外语进修课。2年或3年学业期满,考试及格或论文通过者分别颁发"会议口译人员高等专家毕业文凭"和"笔译人员高等专家毕业文凭"。学生毕业后,大部分投考各国际机构的翻译部门,也有一部分毕业生为了工作自由不投考国际机构而分别向各国有关机构申请自由译员的工作执照。六十多年来,该校为联合国、欧盟及西方各国的外事部门培养了一批又一批高级翻译人员。巴黎高等翻译学校以塞莱斯科维奇的翻译理论为翻译教学的理论基础,该派理论运用语言学、逻辑学、心理学的成就来阐释翻译的理解和表达过程。其核心思想正是对穆南、贝尔尼埃和阿尔比的语言学译论的继承。这一核心思想的具体内容:翻译的主要目的是译意,而不是翻译源语的语言外壳;提倡在翻译中进行"文化转换"。翻译理论提出的翻译程序是理解、脱离源语语言外壳,重新表达。不可否认,这一翻译理论体系在培养高级口译人才方面是十分有效的。巴黎高等翻译学院的一个重要特色就是极为重视翻译教学理论的研究,推出了一系列翻译教学研究专著。在翻译教学理论研究方面,该校针对翻译教学的性质、特点、目标、方法,进行了较为系统的探索,提出了许多富有启迪意义的观点,总结了可以借鉴的经验。

(2)雷恩第二大学

该校颁发多语种多媒体交际工程学职业文凭,用10年左右时间发展起来的"语言和技术"专业,主要为翻译机构或公司培养英、法、德语笔译人员。这所学校的培养模式同比利时玛丽·哈普斯自由学院接近,但不培养口译人员。学生毕业后以担任翻译、审校、译审、项目负责人等为主。该校的特点是把翻译教学同计算机的使用和专业术语研究及企业需求紧密结合。例如,该校的专业指导教师出版了十几部翻译理论研究专著,研究成果丰硕。雷恩第二大学教授瓜岱克根据职业翻译特点和程序提出了渐进式的翻译教学模式:描述翻译旨在寻找文件的所有重要线索,说明阐释文本的环境和条件,找出并翻译关键词,说明主题或主要议题;概要翻译在于使用与文件语言不同的语言提供简要明快的主要内容。按照瓜岱克的说法,掌握描述翻译和概要翻译是所有翻译人员不可或缺的基本能力。描述翻译和概要翻译是职业翻译的最佳模式。从教学法角度讲,这是尊重学习进度的理智方法,可以帮助理解要翻译的文件,建立合理的术语库。译者通过资料查询进行跨文化、跨语言实践和审校实践。该校翻译专业确定的培养目标是学生毕业后能在翻译公司或类似机构承担职业翻译、译稿审校、专业术语研究、信息管理、项目管理等工作。该校的"多语言多媒体交际工程学"课程项目把翻译培训同广泛意义上的交际和信息传输结合起来,把翻译训练同术语研究结合在一起。换句话说,每一专业翻译训练结束后,学生都要将该领域术语输入计算机进行处理，以供有关企业和个人使用，或编辑成字典出版。随着互联网的广泛应用，不少大公司希望随时从全球各地的网站上了解行业信息，因此对翻译有了新的需求，他们通常不是让翻译公司完整翻译网上的内容，而是要求译者采用"描述"或"概要"的形式对原文进行适当压缩和摘编，即编译、摘译或译述等，然后视信息情况决定是否需要翻译全文。这也是"描述"和"概要"翻译训练进入培训内容的原因之一。

2. 专业翻译研究与翻译培训

（1）里昂第二大学

该校语言学和应用语言学专业将语言学同术语研究紧密结合，且该校术语研究的重点领域是医学（以医药学为主）和环保专业。硕士生在学习相关专业的同时，在导师指导下从事以法英、法阿、法德为主的双语术语翻译研究。该校在医学和环保领域的术语研究成果在国内外都享有盛誉。毕业生可以直接进入相关领域从事教学、翻译或其他工作。里昂第二大学为语言学系或商务及法律系的研究生开设了专业口、笔译课程。其授课方法为职业翻译培训，强调翻译思维能力的训练和方法论的应用。

（2）卡昂大学

该校开设法律、人文、语言、自然科学等专业，颁发硕士和博士文凭。人文科学下设的跨学科人文科学研究中心培养硕士和博士生。课程以心理语言学、生理学、口译心理学和认知科学为主，最具特点的是从跨学科角度研究语言、认知和非语言因素对儿童语言发展和交际的影响。近几年对会议口译程序的认知和心理语言学的研究取得了初步成果，在翻译界和心理语言学界产生了一定的影响。

3. 教学翻译——语言教学的一种手段

法国其他一些学校也开设翻译课程,但其目标并非培养职业翻译人员。参加培训的学员毕业后可从事职业笔译,也可从事与翻译没有直接关系的工作。里昂第二大学的外语语言应用专业、拉罗歇尔大学的亚洲商务专业、蒙彼利埃第三大学的外语语言应用专业、里昂第三大学的外语语言应用专业、普罗旺斯大学的语言学及外语语言应用专业、东方语言学院的语言和文化专业等均属于这种情况。翻译在语言教学中只是一种教学手段,目的是帮助学生理解原文的语法、词法等,用准确的外语表达思想。随着翻译学研究的不断深入,语言教学更多地引进交际法,课堂上出现了模拟交际场景,原来的单词翻译扩展到句子翻译,句子翻译扩展到连贯的短文翻译,而且教师也在翻译前提供与交际场景相关的信息,更多地注意翻译过程,改善教学环境,学生在交际中学习和掌握外语的速度逐渐加快。

(三) 德国

德国有着良好的翻译理论传统,德国功能学派的研究对后续的理论研究及翻译教学有着深远的影响。

1. 基于现实生活的文本翻译教学模式

与英国相比,德国的大学一向注重翻译专业人才的培养,并认为每个人都应该享受大学层面的教育。这种专业的教育使得学生要在学校里度过很长的时间。例如,一个想要接受培训后成为教师的学生要在学校里学习4年6个月的时间,这还要看学校类型以及学生走完整套教学体系所花的时间,实习教师要在学校里实习2年,才能成为合格的教师。然而,大学所提供的这种学术训练并不见得是为将来的专业需要所设计的。英语教授实际上是英国文学教授,而文学作品的选择也是因教授的个人研究喜好而定的,并没有考虑课程要求。一般认为,学生的语言能力在入学前就已经获得。在这种情况下,学生语言技能的提高被视为是无用的。

随着经济全球化的进一步发展,国际交流与合作不断加强,德国的翻译教学也开始与之前的翻译模式——纯文学翻译的外语教学分离,转为基于现实需要的文本翻译的教学模式。这种翻译教学模式并不是要培养专业的翻译者,而是为了使所有专业语言研究人员能够具有处理日常的或非正式的翻译的能力,并能够监督公共的或正式的文本翻译的质量。对于在训练时翻译文本的选择,也应是那些在真实生活中可以被翻译的文本。如某个特殊的客户所需要的,或是要对某个特殊观众所说的文本,这样一来学生就可以处理真实的翻译任务了。

在翻译课上,教师可以和学生共同探讨要选择的文本,以及其被翻译的必要性、它的读者、为适应目标读者需要译者对该文本做哪些调整等,任务可以由小组成员合作完成。那些在翻译中可能遇到的问题,比如数字、数据、特定时间、人名、地名、文章的处理、文化内容等都可以加到教学中。德国的杜伊斯堡大学也采用了这种基于现实生活的文本翻译教学模式。只有外语专业水平达到一定高度的学生才可以开始翻译工作。学生第一学期的课程是翻译基础课程,学习翻译的各个方面,比如对不同词汇项的翻译、如何合理使用字典和其他材料资源、对文化因素的翻译、如何调整文本以适应特定读者、语域分析、文本类型、相同文本的不同翻译等。之后的两个学期要学习德译英和英译德。最后一学期是选修课程——学生翻译工作组。这个课程的教师的母语都是目的语。学生可以在翻译过程中发现很多专业翻译人员会遇到的问题，并在这一过程中学会如何使用参考资料以及如何加快翻译速度。基于现实生活的文本翻译教学模式也是值得我国大学英语翻译教学学习的。文学翻译对于大学外语系的学生来说难度较大，并且对于未来职业需求意义不大。在我国进行大学英语翻译教学时，可以根据学生所学专业和未来职业需求设计翻译教材，翻译的文本可以是科技、商务、旅游和法律等内容。

2. 基于培养文学翻译的翻译学院——杜塞尔多夫大学

以上提到的基于现实生活的文本翻译教学模式是为了培养更多具备一定翻译素养的专业人才。在德国，由于所处地理位置、地缘政治和历史等原因，德语和德国民族文学的形成与发展在很大程度上得益于外国文学翻译，因此文学翻译也占有一定的市场。德语文学史上的许多著名诗人、作家，从歌德、席勒到霍夫曼斯塔尔、里尔克、格奥尔格，再到第二次世界大战后的埃里希·弗里德、伯尔、汉特克和恩岑斯·贝格尔，都曾翻译过外国文学作品，为外国文学在德语地区的传播做出了贡献。按翻译作品数量计算，德国远远超过英、法等国，但是翻译作品的质量却不尽如人意。受传统观念影响，翻译不为学界看重，译者的社会地位较低，报酬也偏低，多数情况下不能靠翻译稿酬维持生计。

在正规的高等教育中没有设置专门培养文学翻译人才的专业，对外国文学作品的书评也很少涉及翻译本身的问题。针对上述情况，杜塞尔多夫大学文学院以法国文学专家尼斯教授为首，聚集了一批对跨国界、跨文化的语言与文学交流及翻译理论感兴趣的教师，他们深感有必要成立一个新的专业，制订完备的教学计划，更科学、系统地培养文学翻译人才。他们认为，面对不断扩大的职业需求，传统的、通过自学摸索的方式培养文学翻译人才的办法，无论对译者、出版社和读者都是事倍功半，不能再继续下去，这一重要的跨文化传播工作的职业化已刻不容缓。杜塞尔多夫大学文学翻译专业教学计划规定，学制（包括毕业考试）为4年3个月，达到毕业要求须完成的课时为160个学期周课时（修读1门1学期、每周2课时的课程可获2个学期周课时），其中必修课和限制性选修课计148个学期周课时。与其他文科专业相比，任选课比例稍低一些。完成教学要求、通过毕业考试者可获得"硕士翻译"学位。可供选择的外语为英、法、西、意，因为这四种语言的译本占全部翻译作品的4/5。学生需从这四种外语中选择一门主修专业和一门辅修专业（英、法两种语言中必选一门）。另外，还必须辅修德语（目的语）作为第二门辅修专业。主修外语占总课时的一半，共80个学期周课时，两个辅修语种各占40个学期周课时。这就是说，学生至少需掌握两门外语，能翻译两种语言的文学作品。文学翻译专业十分注重理论与实践的结合。教学计划规定，每个专业（包括主修和辅修）的教学都包括理论性课程与实践性课程两方面。以主修专业为例，学术性、理论性课程必须修满36个学期周课时（必修课），其中语言学和文学各占16个学期周课时，具体课程有语言学导论、语言史、20世纪语言、词汇学、语义学、句法、语言变体、文学导论、文学史、20世纪文学、语篇分析基础、文学的接受、类别文学专题等,翻译比较占4个学期周课时。语言与翻译实践课、必修课、限制性选修课共需修满32个学期周课时,具体课程有语法对比、词汇对比、成语对比和大量的文学翻译实践课,以外译德为主。这里的文学的概念比较宽泛,既包括严肃文学和消遣文学,又包括讲究文笔的人文科学文章。在翻译实践课中,学生要练习翻译各种文学门类和体裁的文章,如散文、小说、随笔、韵文、戏剧、舞台剧、广播剧、影视作品以及论说文等。到高年级时,每个学生都须选择一个重点领域进行深化提高。另外,还有跨语种的、以翻译学中普遍的共同问题为内容的课程(占8个学期周课时),如翻译导论、翻译理论、翻译史和翻译工作者职业概貌。需要特别指出的是,该专业在传授理论知识中,力求避免为理论而理论的经验式教学,注重从实践中总结出来的,又能反过来指导翻译实践和翻译批评的理论。培养学生的独立工作能力,提高他们在劳动力市场上的竞争力,使他们尽快适应毕业后的工作,把所学理论知识应用到实践中去,这也是该专业办学的指导思想之一。

二、我国高校外语翻译教学模式

随着新型教学模式的不断出现,传统的翻译教学模式显然已经不再适应翻译教学发展的需求。因此,在新的社会发展和新的教学模式的指引下,笔者认为翻译教学可以采用多种教学模式。

(一)以学生为中心的翻译教学模式

为了满足不断发展的社会需求及学生的实际需要,目前的高校外语教学理论上基本都以学生为中心。但由于翻译教学未得到足够的重视、翻译教学时间的限制等众多原因,导致在翻译教学中多以教师为中心,教师是翻译教学的主体,学生在翻译教学中只是被动接受教师讲解的内容,很少能主动思考,也因此造成了学生实践不足、翻译水平不高的后果。对此,急需对传统教学形式进行改革。"以学生为中心"的教学模式要求教师转变角色,由教学主导转换为教学引导,而学生则需要由被动接受知识转为主动学习知识,积极思考问题,主动实践,最终提高自己的翻译水平。

(二)任务型翻译教学模式

高校外语翻译教学应该建立"任务型翻译教学模式",该教学模式融合了翻译教学和任务型教学的有关理论知识,强调以各种不同的翻译教学任务为中心,以学生为活动中心,既有助于确立学生的中心地位,又可以增强学生的团队合作精神。一般来说,该教学模式的教学可以分为三个步骤:第一步,规划和确定翻译教学内容及活动。第二步,开展翻译教学活动,执行后续活动计划。第三步,结合相关的翻译理论和技巧,分析总结前两步翻译活动中学生翻译的得与失。

(三)建构主义翻译教学模式

基于认知发展和心理学有关理论的建构主义,能够清晰地解释人类认知发展的有关规律,也就能够解释人类怎样利用已有的经验、心理等知识来构建所需的知识结构，因此，从理论上来说，结构主义的有关知识可以用来指导高校外语翻译教学。在这一理论指导下，大学生具有比较成熟的思维体系，他们可以利用已有的知识进行有关知识的建构，形成属于自己的特有的认知及知识图式，从而为新知识与已有图式的完美结合奠定基础。这一教学模式仍然坚持学生在学习中的中心地位，其教学重点在于解释重点句型，分析翻译中的语法、词汇使用，篇章结构等方面的错误。

（四）合作学习翻译教学模式

高校外语翻译教学也可以将合作学习翻译教学模式加以利用，在使用这一方法过程中，教师需要依据该方法的要求对学生进行分组，而学生也需要根据教师的要求认真完成自己的任务。在高校外语翻译教学中使用这一方法不仅需要师生之间及学生之间的合作，还需要学生综合利用各种方法、途径及资源来对小组成员的翻译作品进行点评，找出错误、分析错误、改正错误，进行合理有效地反馈，最后修改作品。

第二节　翻译教学中应注意的环节与实践应用

翻译就是以语言为工具进行信息、情感、思想、文化的交流。梁启超曾指出："翻译文体之问题，则直译意译之得失，实为焦点……新本日出，玉石混淆。于是求真之念骤炽，而尊尚直译之论起。"[1]毫无疑问，

---

[1] 梁启超.佛学研究十八篇[M].上海：上海古籍出版社，2001.

翻译工作需要一定的理论水平,但重要的还是掌握翻译实践技能。前者是道理,后者是操作。

一、翻译教学中应注意的环节

(一) 技巧知识传授与理论知识讲解相结合

大学英语的翻译教学大都以教授翻译技巧和翻译知识为主要内容,但是,如果教师能把翻译理论融会贯通在技巧和知识的传授中,则有助于学生在翻译实践中学会独立解决问题,通过理论分析克服实践中遇到的困难,掌握翻译活动的基本规律,尽快提高自己的翻译实践能力。就非英语专业课程而言,大学英语精读课中的单句或段落翻译练习是基础阶段综合训练的一个非常重要的组成部分。大学生有一定的英语基础,又有较高的汉语修养,如果教师能在授课中增加一定的翻译理论指导,对学生稍作点拨,便会得到事半功倍的效果。

(二) 翻译能力与其他能力的提高相结合

翻译教学是包括理解与表达的教学,涉及英语的理解能力和汉语的表达能力。对学生翻译能力的培养,不应只依赖单方面的翻译理论及相关知识的传授和技巧的训练,听、说、读、写、译五种语言基本技能不是孤立的,而是相辅相成、互相联系的,所以在语言教学中,培养翻译能力还要从诸多方面入手,例如,通过加强词汇和语法教学,夯实学生的语言学习基础;通过精听、泛听、精读、泛读训练增加学生的语言输入,为语言输出做好质量上的准备;通过加强中、西方文化的差异分析,培养学生语言学习和运用中的文化意识,提升其文化素养。

(三)阅读的"面式教学"与翻译的"点式教学"相结合

翻译教学与阅读教学有着紧密联系。阅读和翻译对理解的要求不尽相同,对阅读的要求是准确率不低于70%,而对翻译准确率的要求则是100%,因此翻译教学是以阅读教学为基础的,翻译教学经常融入阅读教学中。在阅读教学中进行点式翻译教学,对于阅读教学的深化大有裨益。在阅读教学中,一部分学生对难句、关键句或难度较大的段落的含义无法理解透彻,因而要通过翻译加深学生对原文的理解,进而使其完全消化吸收。翻译教学有机融于阅读教学过程中,作为阅读教学的一个环节,将传统的语法教学法与现代的交际教学法有机结合起来,使之相得益彰又各取所需。

(四)英语理解的准确性与汉语表达的审美性相结合

尽管大学英语翻译的教学和测试标准主要是考查学生的准确理解力,但表达的问题也不可忽略,表达水平直接反映对原文理解的程度和翻译的质量,理解的程度只有凭借表达,才能得以体现。虽然大学英语教学对翻译教学的语言形式要求并不是很高,但翻译作为一种语言活动必然涉及审美问题。在翻译过程中,审美意识是一种积极主动的心理活动。对翻译语言做美学的评价和欣赏,必须把语言所表达的思想感情与语言形式统一起来,把语言表达与交际语境统一起来,才能对文本语言做出恰当地审美判断。语言审美包括语音、文法、修辞等方面。在翻译教学实践中,学生自身可能会因忙于做抽象的词义及语法分析而忽视语言审美,教师需要在讲授翻译知识和技巧时,注意唤醒学生的审美意识,引导学生在理智分析语义的同时,联系具体语境中的语言形式、交际场合、交际目的等诸多因素,进行具体或整体的感性理解。要说明的是,大学英语翻译教学毕竟不同于其他类型的翻译教学,审美意识的渗透和培养要适时适量,不可喧宾夺主。翻译教学作为大学英语教学的一个重要组成部分,应当予以充分重视。教师应更深入地钻研教材,更合理地设计教学方法,学生也应端正对翻译的学习态度,积极配合教师,扎实、勤勉地进行翻译练习和实践,以达到教学互动、教学相长之境界,使学生的翻译能力和水平得到实质性的提升。

二、翻译教学中的实践应用

翻译理论的重要性还体现在它对翻译实践的指导意义上。古人云:"凡事须由其途,得其法,方能终其果。"英汉互译自然也需要科学理论的指导,此处的理论其实就是翻译实践的必由之路和原则法度。翻译实践水平的提高,不能依靠提高劳动强度,只能依靠与自然科学和社会科学水平相适应的理论指导。参透新的翻译理论,会开阔教师的视野,丰富教师的专业知识。这种新的理论经由教师的筛选后融入翻译教学中,进而指导学生的翻译实践,必将更快、更有效地为国家培养翻译人才。

(一) 关联理论与翻译

1. 关联理论概述

语用学家斯伯博和威尔森综合认知科学、语言哲学及人类行为学的研究成果创立了关联理论,不仅在语言学界反响强烈,对文学、心理学、哲学等领域也产生了一定影响,对翻译研究也同样具有积极的意义。他们的学生格特运用关联理论对翻译进行了专门研究,并在《翻译与关联:认知与语境》[①]一书中进一步发展了关联理论,阐述了他对翻译研究的认识,提出了一种全新的关联翻译理论,为翻译研究开辟了新的领域。关联理论认为,若文本话语的内在关联性很强,则读者在阅读中无需付出太多推理努力,就能取得好的语境效果(语境含义或假设)。反之,若文本话语的内在关联性很弱,则读者在阅读过程中需付出较多推理努力,才能取得好的语境效果。从文本的创作或翻译看,好的文本或样本并不是要向读者提供最大的内在关联性,而是要提供最佳的内在关联性。从文本或译本解读来看,读者理解话语的标准就是在文本话语与自己的认知语境之间寻求最佳关联,而不是最大关联。这里的最佳关联就是用最小的推理努力,取得最大的语境效果。文本的内在关联性往往与文本的创作意图、社会功能、写作风格和文体色彩等有关。例如,以信息功能为主、含义单一明确的实用文体,往往提供较清楚的内在关联性,读者很容易直达其意;而意境深远、蕴含丰富的文学作品,其内在关联性较为含蓄,为读者留下丰富的想象和推理空间。但无论文本的文体、风格

---
① 格特.翻译与关联:认知与语境[M].上海:上海外语教育出版社,2004.

或功能如何,都应该设想为读者提供最佳的内在关联性,才能使读者从文本话语中获得最大的语境效果。

关联理论是以认知和交际为基础的。在关联理论中,关联性被看作输入到认知过程中的话语、思想、记忆、行为、声音、情景、气味等的一种特性。语境则是一个心理结构体,它是存在于听话者头脑中的一系列假设,包括:①上下文,即在话语推进过程中明白表达出来的一组假设。②会话含义,即按照语用原则推导出来的一组假设。③百科知识,即涉及上述两类假设中的相关概念的知识或经验。任何一个交际行为都是明示到推理的过程。听话人为了理解说话人的意图,必须根据关联理论把对方具有最佳关联性的言语刺激以及当时的交际情景当作信息输入,并从记忆中提取相关的百科知识与之匹配(即做出语境假设),在大脑中枢系统中采用演绎规则对它们进行整合加工(付出一定的努力),最终获得语境效果。因此,话语理解的过程就是通过语境进行推理的过程。

翻译的本质也是一种言语交际活动,原作作者与译者构成交际双方,译者和译入语读者(接受者)又构成交际双方。原作中的每一个语句、每一段话语对译者而言都是明示刺激,这种明示刺激或明示性话语就是一组语境线索,译者在这种言语刺激作用下就会激活其认知语境,利用词汇知识、逻辑知识及百科知识寻找关联,进行推理,推导出作者的意图,进而理解原文。另外,译者要将自己的理解传达给接受者,就要调用译入语方面的认知语境,尽量将原作的内容和形式忠实地表达出来,使译文符合接受者的期待。因此,关联理论框架下的翻译就是一种对源语进行语内或语际阐释的明示推理活动,它要依靠语境来实现。关联理论认为，语境不是在话语生成之前预先确定的，而是听话者在话语理解过程中不断选择的结果，它会随着交际过程的发展而不断发展和变更。语境是一系列假设，是一个大范围的概念。在话语理解的过程中也使那些最为相关的语境被激活，通过推理做出判断。要使交际成功，就要寻找话语与语境之间的最佳关联，也就是要找到对方话语同语境假设的最佳关联，通过推理推断出语境暗含，最终获得语境效果。制约相关性的两大因素就是语境效果与推理努力。语境效果大，推理时所付出的努力小，关联性就强，反之亦然。

由于认知语境是因人而异的，对同一话语的推理往往也有不同的理解。比如，在朋友家聊了一段时间后，起身准备离开，这时天正下着雨，朋友说："在下雨呢。"如果朋友坐着说这句话，根据已有的认知语境，即下雨时主人常留客人，结合朋友的话便可以得出结论：主人要留客人。但是，如果朋友一边递给客人一把伞，一边开门说这句话，客人就要调整认知语境，搜索有关信息：朋友大概有事，主人为客人开门常有送客之意，下雨出门可以打伞。根据这一组信息，结合朋友的话，就可以推出结论：朋友至少不反对客人离开。因此，话语理解的过程实际上就是不断激活相关语境、寻找关联、进行推理的过程。

翻译的本质是一种交际活动，译者扮演着信息输入（对原作的理解）和输出（言语产出）的双重角色。不同的译者有着不同的认知语境，同一个译者处在不同的时间、地点也会有不同的认知语境。在翻译过程中，译者必须依赖语境，从原作的言语或语句的刺激中寻找最佳关联，再把这种关联传递给译文语读者。也就是说，译者把自己的理解传递给译入语读者。由于译者的认知语境是动态的,加上不同语言构成的语篇或文本受不同语义、文化等诸多因素的制约,译文不可能与原文完全对等。也就是说,翻译是动态的、波动的。那么,翻译的这种波动性是否就使译文无章可循了呢?不是的。翻译的成功取决于相关因素间的趋同。趋同与趋异是两个相对的概念。"翻译的成功"指的是翻译的效度,它与趋同度成正比,与趋异度成反比。也就是说,趋同度越高,则趋异度越低,翻译的效度就高。反之,趋同度越低,则趋异度越高,翻译的效度就低。因此,要提高翻译的效度,必须尽量使译文向原文趋同,以提高翻译的信度和质量。

翻译的本质是一种交际活动,译者必须从原作的语句刺激中寻找最大关联,通过认知语境进行演绎推理,识别作者的交际意图,进而用正确的语言传递给接受者。译者只有在源语和目的语之间找到它们最大的语义和语用关联时,才能使译文最大限度地趋同于原文。因而,笔者认为翻译的趋同可分为语义趋同和语用趋同。语义趋同指在语言形式和规约意义上的趋同,语用趋同则指在内容和隐含意义上的趋同。规约意义的识别较很少受到语境的干扰,而隐含意义的识别必须借助语境进行推理才能实现。翻译中,译者必须依赖语境,寻找关联,通过推理识别作者的交际意图,并对接受者的认知语境做出正确的假设,选择适当的词语努力使原作作者的意图与译入语读者的期待相吻合。质量好的译文必须兼有语义趋同和语用趋同,仅有语义趋同,有时译文可能传达不出原作的意图,变成"曲译"或"死译"。当然,在无法兼顾语义趋同和语用趋同时,就应该想方设法做到译文的语用趋同,以传达出作者意图。

2.关联理论在翻译教学中的作用

关联理论对翻译教学有很大的启示,它首先告诉人们,要翻译,先要理解原文,根据关联理论,要准确无误地理解原文的语境,根据语境做出认知假设,找出原文与认知假设间的最佳关联,从而理解原文语境效果。寻找关联要靠译者的百科知识、原文语言提供的逻辑信息和词语信息,因此寻找关联就是认识、推理的理解过程。更为重要的是,翻译涉及作者—译者—读者三元关系,原文作者和译者的认知环境不同,作者力图实现的语境效果同译者从原文和语境中寻找关联而获得的语境也是不同的。这样一来,原文信息和译文传达的信息就不可能完全对等,翻译只能做到"达义""对体""求形"。所谓"达义",就是正确表达原文的意义。意义是交际的核心内容,意义的篡改、歪曲,谈不上是在翻译,只有准确无误地表达原文的意义才是翻译的首要任务。无论是明说还是暗含,意义的语码转换都是可行的。

"意义"包括两方面的意思:一个是"意",一个是"义"。"意"是指意图,原文作者的意图,翻译就是译意。在翻译中,两种语言的体裁要相吻合,诗歌绝不可以译成散文,戏剧绝不可以译成小说。综上所述,关联理论对外语教材编写、词汇记忆、阅读理解教学、翻译等有着十分重要的借鉴作用。

(二)认知语言学意义观与翻译教学

1.认知语言学意义观

传统的意义观主要包括指称论、使用论、行为主义论、真值条件论、概念论、成分论等。这些意义观是传统哲学、对比语言学、结构主义语言学和转换生成语法四种主要语言学范式意义观的具体体现。这四种语言学范式虽有不足之处，但都属于客观主义语言学范畴。客观主义语言学对于意义的核心观点——语言是对现实世界的直接的镜像反映，意义来自语言本身，可以通过语言的意义对现实世界得到准确的理解。由此可以得出，描述同一场景的不同表达具有相同的意义，因为它们反映的是同一场景。如同一源语表达，"玛丽把杯子打破了"既可以翻译为"Mary broke the cup"，也可以译为"The cup was broken by Mary"，因为两种译文反映的是同一场景——"玛丽把杯子打破了"。然而，认知语言学与客观主义语言学持明显不同的观点，它认为意义不是来自语言本身而是来自对体验的理解。语言仅仅只是起到激活意义的作用，语言与意义之间是导引与被导引关系，而意义就是概念化。具体来说，意义存在于人们的大脑中，而不是语言中，语言的作用只是激活意义和其所属的概念框架。意义或概念化是存在于现实世界和概念结构之间的人类认知过程的结果，而认知过程是指人类认识、了解现实世界的过程，因此意义或概念化是人类用识解方式感知、体验现实世界的结果，每一层意义不仅包括具体的概念内容，还含有相应的识解方式。语言意义应该由概念内容和识解方式构成。由此可知，能够激活相应概念框架中的某一意义的表达必定反映隐含在意义中的某一识解方式。换句话说，某一具体语言构造的使用，事实上赋予了所构造的场景某一具体的意象。因此，根据认知语言学的意义观，可断定前面的例子中的论断是不合理的，尽管"玛丽把杯子打破了"的两种英文翻译可以激活"杯子摔破"这一内容，但是译文"The cup was broken by Mary"不能激活与源语表达一致的识解方式,因此改变了源语表达的意义。另外,为了说明认知语言学的意义观,句子,尤其是被动句常常用来作说明。在此必须指出,这一做法大大局限了普通读者对认知语言学语义观的理解,甚至会使其误认为认知语言学语义观只适用于句法层面。事实上,词汇和句法都可用来解释这一意义观,因为两者之间没有明显的区分。词和句子形成了一个符号元素的连续体。这就意味着词和句法都是语言结构,都可以构造该概念或场景,赋予概念或场景识解方式。名词属于词的范畴,由此可推导出指称每一个指称概念的名词实际上都体现了相应的识解方式。

2.认知语言学意义观对名词翻译教学的启示

在具体名词翻译教学过程中,教师首先需结合认知语言学意义观探索出具体的名词翻译原则,然后在此原则的指导下以引导的方式与学生探讨具体名词的翻译。如上所述,意义由概念内容和识解方式构成,译者在用某一名词激活某一意义的同时也是在选择某一意象,构建某一场景;而翻译的性质又是在目的语中再现源语的意义。据此,可以认定翻译名词的原则,即名词翻译应该以认知意义为导向,意义的概念内容和识解方式都应该在目的语中再现。然而,词本身所具有的特点使得这一名词翻译准则的具体实施困难重重。首先,与句子相比,两者没有明确的界限,但是词在结构上比句子稳定,而句子比较灵活,具有兼容性以及词无法企及的其他优点。另外,人们所涉及的名词都已经深深扎根于英汉两种语言中,因为这些名词所指称的名词性概念主要来自人类所共有的基本领域，如衣、食、住、行等，这就意味着英汉两种语言都存在并且都有自己约定俗成的词汇表征。因此，如果按照上述翻译原则把汉语名词直接翻译到英语里，结果就会是虽然原词所激活的概念内容和识解方式在英语里得到体现，但有可能在英语里无法激活与在汉语里一样的概念，甚至会产生误解，反之亦然。因为英汉两种语言在概念化同一实体时所采用的识解方式完全不同，自然无法激活同一概念。如"床头柜"，如果根据名词翻译原则把其译为"bed-head cabinet"，在英语读者头脑里激活的概念就很有可能是像衣柜那样的实体，而不是摆在床边的小柜子。因此，以上提出的名词翻译原则只是描述了一种理想状态，考虑到源语意义的成功传递和目的语读者的理解两个因素，名词翻译原则应进一步修正为：在翻译名词时，译者首先应该尽量在目的语中再现源名词的概念内容和识解方式，若无法达到两者的同时再现，译者应该舍弃源语名词的识解方式，而选择与目的语一致的识解方式。基于以上观点，以下将探讨概念共享情况下的名词翻译教学及概念缺失情况下的名词翻译教学。

（1）概念共享下的名词翻译教学

英语和汉语用词汇表征同一名词性概念时存在两种情况：第一种情况是同一名词性概念在英语和汉语两种语言中都有词汇表征，且两种语言的词汇表征体现出相同的识解方式。这种情况的名词翻译策略为：如果源语名词所表征的概念为两种语言所共有，且在目的语中由体现相同识解方式的词来表征，那么源语名词所激活的概念内容和识解方式都应在译文中体现出来，如概念"bookshelf"在汉语里词汇表征为"书架"，该词体现了功能视角识解方式,即该词所表征的实体是用来放书的。而在英语里,该概念词汇表征为"bookshelf",其所激活的识解方式与"书架"一样。因此,英译"书架"时,其所激活的概念内容和识解方式都应在英语中得到再现,翻译为"bookshelf"。由于这种名词翻译方法沿用了源语名词的识解方式,因此笔者把其命名为传承法。第二种情况则是名词所表征的概念为英语和汉语两种语言所共有,但在两种语言中分别由其约定俗成的词汇表征,即源语名词所表征的概念为两种语言所共有,但目的语中表征此概念的名词体现不同的识解方式。由于两种语言采用了不同的识解方式,如果硬要在目的语中再现源语名词的概念内容和识解方式,其结果只会是在目的语读者头脑中无法激活同一概念内容。因此,为了激活同一概念内容,只有舍弃源语名词的识解方式以适应目的语中已经存在的识解方式,如一种发型在英语中表征为"afro",其体现了转喻的识解方式,即整个范畴被用来指代这一范畴所特有的特征。而在汉语中此概念表征为"爆炸头",其体现的是隐喻识解方式,即头发的形状与爆炸时的情景相似。当汉译"afro"时,如果其所包含的识解方式保留在汉译译文中而把其译为"非洲",那么很有可能无法在汉语读者头脑中激活"发型"这一概念。因此,汉译"afro"时,应该在汉语中选择体现相同识解方式的词,如"爆炸头""蜂窝头"以及其他体现类似的隐喻识解方式的词。鉴于此种翻译方法涉及参照目的语中的识解方式,故将其命名为参照法。

(2)概念缺失下的名词翻译教学

以上主要在阐释翻译性质和认知语言学意义观的基础上提供了名词

翻译原则,并在此原则的基础上提出概念共享下的名词翻译策略,即传承法和参照法。笔者主要运用这两种翻译策略来探讨概念缺失情况下的名词翻译,以此为以后相关名词的翻译提供翻译依据,并为评价已有的名词翻译提供评估标准。概念缺失是指源名词所表征的概念是源语所独有的,在目的语中不存在这一概念。这种情况下的名词翻译方法则为传承法和参照法的结合。例如,"毛笔"所表征的概念是汉语所独有的,英语则无此概念,但是英语有一些相关概念,如 quill pen(羽毛笔)、steel pen(钢笔)和 lead pen(铅笔),其与源语名词所表征的概念处在同一框架下,即 pen(笔)框架。那么翻译"毛笔"时,就需参照源语概念的识解方式。如果源语概念的识解方式与相关目的语概念的识解方式一致,那么源语概念的识解方式就在目的语中得到传承。例如,概念 quill pen(羽毛笔)、steel pen(钢笔)和 lead pen(铅笔)分别表征为 quill pen、steel pen 和 lead pen。这些名词意思表明英语是从质地材料视角来概念化相关实体的,而汉语表达"毛笔"也反映了相同的质地材料视角识解方式。因此,"毛笔"可翻译为"hair pen"。这样,不仅源语概念中的识解方式在目的语中得到再现,而且也便于目的语读者的理解,因为目的语读者可以通过人类普遍存在的识解方式,即类比思维方式来理解 hair pen。通过类比,目的语读者可推导出 hair pen 与 quill pen、steel pen、lead pen 一样,也是一种笔,与其不同的是前者的笔尖是用毛做的,后者的笔尖则分别是用羽毛、金属、石墨做的。鉴于此,可试做评价,即前人把"毛笔"英译为"brush pen"这一做法是有待商榷的。此外,如果源语概念的识解方式与目的语相同概念的识解方式不一致,那么其应该适应目的语中的识解方式。

还存在另一种情况,即目的语中不存在与源语所特有的处在相同或相似框架下的概念,也就是不存在参照的可能性。例如,英语中就没有概念与汉语概念"阴"和"阳"处在同一框架下。对于这种情况,只能在目的语中完完全全地再现源语的识解方式,从而英译为"yin"和"yang"。

综上所述,翻译是指在目的语中再现源语的意义。根据认知语言学的意义观,意义就是概念化,由概念内容和识解方式构成。在此基础上,人们提出了名词翻译原则:在翻译名词时,译者首先应该足量地在目的语中再现源名词的概念内容和识解方式,如无法让两者同时再现,译者应该舍弃源名词的识解方式,而选择与目的语一致的识解方式。在该翻译原则的指导下,人们提出了名词翻译的三种策略,即传承法、参照法以及传承与参照结合法。传承性翻译策略是指源语名词所表征的概念为两种语言所共有且此概念在目的语中也有体现相同识解方式的词汇,翻译时源语名词所表达的概念与体现的识解方式在目的语中同时获得再现。参照性翻译策略指源语名词所表征的概念为两种语言所有,但源语名词表达的概念在目的语中是以不同识解方式得以表征的,翻译时则采用符合目的语识解方式的词语。传承与参照结合法则指参照与源语概念所在的框架相似的目的框架中相关概念的识解方式,然后决定是否传承源名词所激活的识解方式。

3.翻译教学中认知语言学的意义观与译者主体性

传统意义观根植于客观主义,认为意义是客观存在的,每个句子都有一个客观意义,这个意义并不关乎任何一个人,而是独立存在的。而现代意义观的哲学基础是经验现实主义,认为没有独立于人的认知以外的所谓意义,语言符号不是对应于客观外部世界,人的认知参与了语言的意义和推理。因此,人们说意义不能独立于人的认知以外而存在,而这也同样适用于隐喻的意义。我国语言学家王寅在分析隐喻的工作机制时认为,同一种语言和文化中的交际双方共享的语境知识、文化因素、常规模式等因素是隐喻得以实现其交际价值的基础。① 在这个基础上隐喻意义才得以形成和识别,即双方达成对某隐喻意义的共识,这样隐喻才会获得其存在的可能,才会具有生命力。但是他也指出,人的认知能力是有差别的,这会导致对隐喻理解的偏差。从跨文化交际的翻译角度来说,这种偏差是客观存在的。不同文化背景的目的语读者能否通过翻译来感知到源语中作者要表达的隐喻意义,无疑是检验翻译质量的一个重要标准。

翻译是一种语际交流,是一种跨文化交际,也是通过译者由作者向目的语读者传递意义的过程。传统翻译观认为译者居于从属地位,是原作者和读者之间的隐形人。解构主义颠覆了这一想法,认为译文不再是原文的附庸,从此译者在作者和读者间逐渐开始显露其存在和作用。20世纪70年代,翻译界出现的文化转向也在一定程度上凸显了译者的主体性。译者从被动、从属的地位中解放出来,享有翻译主体的充分自由,使平等对话与创译成为可能,译者也因此能凸显个人的意志,张扬个性,发挥译者的主观能动性。但是谈译者的主体性并不意味着译者可以肆意

---

① 王寅.语义理论与语言教学[M].上海:上海外语教育出版社,2001.

妄为。译者的主观能动性必须是建立在客观文本的基础之上的，也必须以译者本身的认知结构为依托，并体现作者的认知结构和对目的语读者认知能力的预测。无论译者在翻译过程中体现怎样的个人意志，采取怎样的翻译策略，译者主体性所起到的作用最终还是传达意义，即为跨文化交际这一目的服务。也就是说，译者既要面对原作者，又要面对读者，考虑到读者在自身文化中的接受能力。

（三）言语行为理论与翻译教学

言语行为早在20世纪50年代就是语言哲学家的研究对象。所谓言语行为，指人们为实现交际目的而在具体的语境中使用语言的行为。言语行为并非"言语的行为"，而是一种交际活动，涉及说话者说话时的意图和他在听话者身上所达到的效果，即言语就是行为。言语行为理论设想了言语行为的三分说：言内行为、言外行为、言后行为。言内行为指的是"说话"这一行为本身，即发出语音，说出单词、短语和句子等。这一行为本身不能构成语言交际。言外行为是表达说话者的意图的行为，它是在说某些话时所实施的行为，通过"说话"这一动作表达说话人的意图，如传递信息、发出命令、问候致意等。言后行为指说话产生的后果或引起的反应、变化，即说话人说出话语后在听话人身上产生了哪些反应。例如，"我饿了"这一言语行为，其言内行为就是说出这三个字；言外行为是实施说话人的一种"请求"行为，请求听话人能提供一些食物；对方提供食物与否就是言后行为。在这三种言语行为中，语言研究最感兴趣的是言外行为，因为它是同说话人的意图一致的。说话人如何使用语言表达自己的意图,听话人如何正确理解说话人的意图是研究语言交际的中心问题。

1. 理解原文的内涵,翻译是一种跨语言、跨文化的交际行为

根据认知语用学的观点,要确定话语意义,就必须充分考虑说话人的意图或语言用意、交际场合以及听话人的背景知识、信念、态度等语境因素,而语境因素往往又不止一个,它可以是语言语境(上下文),也可以是具体语境(交际场合),还可以是认知语境(记忆和知识结构),说话人正是通过这一系列语境信息来传达他意欲表达的话语意义。从言语行为角度论述翻译,就是要求译者正确领会原作者的主观意图。教师要使学习者认识到,翻译绝不仅仅是一种从源语到目的语的转换。根据言语行为理论,译者在翻译过程中,不仅要理解原文的字面意义,更重要的是要弄清原作者的真正意图,同时根据不同的交际情景、文化传统、社会条件、思维方式、语言结构和表达方式等有的放矢,才能译出精品佳作来。

2. 翻译时注意言外之意,翻译最主要、最根本的任务是再现原文的意义

美国翻译理论家奈达说:"翻译就是翻译意义。"可见,意义及语用意义是翻译的出发点和归宿点。他设计了两种语言的语用原则,推导出原文所示的言外之意并使译文读者理解这一言外之意,使两种不同的语用意义的差异得到沟通、融合。教师在教授学生时,要让学生了解不同文化内涵及其言外之意。英语和汉语之间有着由人类共性所决定的语言共性,这是英语、汉语两种语言之间得以互译的前提。但英语、汉语分属于两种截然不同的语系,两种语言在语音、词汇、语法、语义等各方面差异很大。尤其是两种语言根据语法关系的习惯用法表现在句子结构和表达方式上存在很大的差异,正是这种差异给两种语言的顺畅互译带来了障碍。

示例:American education owes a great debt to Thomas Jefferson.

学生原译为:美国教育大大归功于托马斯·杰斐逊。

指导后译为:托马斯·杰斐逊为美国教育事业做出了巨大的贡献。

学生缺乏对英汉思维差异的理解,过分拘泥于原句的框架结构,导致汉语译文并不十分通畅。在教学中,教师应适时地指导学生对两种语言的异同进行对比,增强他们对英语、汉语这两种语言差异的理性认识,力求引导他们在语言学习中自觉探寻并逐步掌握两种语言相互转换的基本规律,掌握英汉互译的基本原理和常用技巧,以便有效地指导自己的翻译实践,提升自己的翻译能力。

第三节 英语翻译教学中的文化差异研究

建立在不同文化基础上的两种语言,它们各自反映着自己特殊的民族文化和历史传统。中西方文化差异及思维模式的差异必然会给英语翻译造成一定的影响,要想真正掌握外语翻译的方法与技巧,不能仅仅局限于对词面意思的理解,更重要的是要了解外国的社会、文化、历史背景乃至风俗习惯等方面的知识,了解文化方面的差异。从文化差异出发去研究语言的差异,才能有效把握语言之间的内在联系。英语和汉语分别属于两大不同的语系。英语国家的文化背景与我国文化背景有很多不同之处。英语反映英语国家(主要是英国和美国)的文化现实,汉语反映我国的文化现实。在词汇方面,英语和汉语两种语言中,一种语言里有些词在另一种语言里没有对应的词。例如,英语中的"cowboy""hot dog"等词,在汉语中不存在与其相对应的词,一些反映汉语独特文化的词,在英语中也难以找到对应的词,如天干、地支、楷书、赤脚医生等。在语法方面,由于受各自文化的影响,英语和汉语往往从相反的角度来表达同一思想内容,形成矛盾的思维方式,如肯定与否定、单数与复数、里与外等。在谚语和成语方面,有些哲理思维相似,表达方式也相似,但有些却截然相反。因此,英语、汉语在各自的语言系统中鲜明地反映出了自身文化的特点。

一、词汇歧义造成翻译偏差

词汇是语言的基本构素,是语言大系统赖以存在的支柱,因此文化差异在词汇层上体现得最为突出,涉及面也最广。由于英、汉两种语言分属不同的文化,其各自深厚的文化内涵在语言上的烙印,使得两种语言很少有绝对对应的词汇。大部分词汇不仅在概念义上而且在色彩义上也表现出巨大的差异,而这种差异往往会给英语翻译带来极大的影响。英文里出现的"hippies、yippies、hot dog、overkill"对我们来讲是生疏的,即使译作"嬉皮士、雅皮士、热狗、超过所需的杀伤威力",仍不能表达英语词义的全部内涵和外延。

社会文化的差异往往使同一个词具有不同的内涵,如"propaganda"有"撒谎、欺骗"等意思,而汉语的"宣传"则无此义。再如,我们将"porridge"释为"粥、稀饭",其实二者之间也存在着文化上的差异。英国人吃的"porridge"是将燕麦片放入牛奶或水中煮成的,而我们吃的粥或稀饭则多是用稻米、小米或其他谷物加水煮成的,显然中国的粥或稀饭没有"porridge"的内涵。

二、知识内涵差异带来消极影响

知识的占有是翻译的前提。不了解不同民族的文化背景知识是翻译的最大障碍。英、汉两种语言都有悠久的历史。中国与西方国家在历史发展过程中都积累和创造了很多具有各自民族风格和地方特色的语言,这些语言具有鲜明的文化内涵,它们只表达某种语言所独有的事物和现象,无论形式和内容,在另一种语言中都不容易找到相对应的,这就需要在翻译中理解原文所涉及的历史背景、典故和专用术语,才能消除或降低文化差异给翻译带来的消极影响。

示例:Do yon know that the bee navigates by polarized light and the fly controls its flight its back wings?

译文:你知道蜜蜂是借助偏振光导航,而苍蝇是由后翅控制飞行的吗?

此句的障碍在于"polarized light"一词,人们往往因为不了解科技相关的专业知识而将其误译为"极光"。然而,对蜜蜂而言,"polarized light"是指从不同方向所显示出的不同特色的"偏（振）光"。

三、不同思维模式制约语言的翻译

不同的历史积淀和文化背景使得任何人都必定带有本国、本民族、本地域的心理遗传基因，这种遗传基因决定着一个人的精神气质、思维方式乃至行为走向等，并因此构成不同国别、民族、地域的特点和差异。这种差异对翻译的准确性会产生很大的影响。比如，英语里有许多的固定搭配、习语、惯用语与汉语完全不同，运用不同的文化知识正确理解、灵活运用这些词语是英语翻译的难点之一，也是英语翻译必须逾越的障碍。

示例：The businessman offered him 500 pounds under the rose.

译文：那个商人答应私下送他500英镑。

按照西方人的习惯和心理特征进行分析，玫瑰花是定情之物，在其之下当然就是私下约会。因此，"under the rose"其含义是私下、暗地里、秘密地。

主观认识及世界观的不同，经常会影响不同文化之间的词义传递，其译文往往会使人费解或一知半解。英语中说"as timid as a hare（胆小如兔）"，而汉语则说"胆小如鼠"；英语中goose（鹅）可用来指代"傻瓜、笨蛋"，带有贬义，而"鹅"在汉族人的观念中常常是美丽与纯洁的象征。在汉语的文学作品中，处处可见用花做比喻的例子，然而同是一种花，因不同民族有不同的文化背景和主观认识，其比喻、象征意义也各有不相同。例如，中国人认为荷花有"出淤泥而不染"的高尚情操，但欧美国家的人却因主观认识上的差异把它比喻为"疏远了的爱"。

英语和汉语的语言结构和思维方式都有各自的特点，并形成了各自不同的心理模式和心理趋向。同是一种事物，在不同语言体系下会出现不同的意识感知，而且这种意识感知的不相融，又必然导致两种截然不同的语言效果。中西方对"狗"这种动物就存在着两种不同的看法。在我国传统习惯中，"狗"往往比喻坏人坏事，所以与"狗"有关的成语都含贬义，如狐朋狗友、狗仗人势、狗嘴吐不出象牙等。英国人则相反，他们把狗视为忠实的伴侣和人类最好的朋友，体现在英语表达上，多带有褒义，如 lucky dog（幸运儿）；"every dog has its day"译为"人皆有得意之日"，而非"狗总会有它的一天"；"dog doesn't eat dog"不能译为"狗不咬狗"，其实是"同室不操戈，手足不相残"。

由此可见，对于动物的认识，反映在不同语言上就出现了明显的差异。

以上种种充分说明，不同语言间的相互接触为一种语言吸收、同化另一种语言的词语提供了条件，但同化仍受到民族文化心理的制约。总之，英汉两种语言虽有相同和相近的表达方式，但仍存在诸多差异。正是这些不同的表达方式和中西文化的差异才使人们在翻译时产生误解和困惑。要排除表面意思的迷惑，避免错误的理解，克服中西文化差异给英语翻译造成的障碍，我们在平时的英语学习中就应当从文化入手，经常阅读一些有关英语国家的风土人情、历史、地理、政治与文化、文学艺术等方面的书刊资料，只有不断掌握西方国家的社会文化变迁史，才能在英语翻译中尽量避免这种文化差异的影响。或者说，拥有的英语文化知识越丰富，对英语民族文化心理状态越了解，对原文的理解才会越深刻，其译文表达才能越忠实于原作。

第四节　英语翻译教学模式的创新探索

一、以学生为中心的英语翻译教学

（一）教学概念

由于教师仅作为知识的传授者和指导者已远不能满足教学的需求，因此教师应通过多种途径突出学生的主体地位，形成一种新型师生关系。"以学生为中心"的教学模式认为翻译是对两种语言的创造性运用，因此翻译活动应涵盖交际框架下的语言活动、文化活动、心理活动等内容。这种教学模式不仅重视英语翻译教育的发展趋势，还特别重视翻译教学环境和学生作为教学主体这两个因素。由于翻译教学环境趋于提倡形成一种交际性的课堂教学形式，也就是要努力创建一种能培养学生独立开展创造性语言转换以及语言交际的环境，因此就应该特别重视社会背景和文化迁移在翻译教学中的作用。此外，这种教学模式认为教师不应再被认为是翻译训练中的带头人、翻译材料的介绍人或译文好坏的评判者，而应在翻译教学的过程中，明确学生才是积极的创造者（而不是消极的接受者）。教师要重视学生的个性、学习风格、学习策略以及在学习过程和学习内容上的智力因素。总而言之，以学生为中心的翻译教学就是要充分重视学生在学习过程中的积极作用,充分调动学生学习的积极性,尽量让学生自己控制学习内容和选择学习方法,鼓励学生参与到教学活动的各个环节中来,鼓励学生更多地对自己的学习负责。

(二)教学特点

1. 教师引导,学生为主体

在传统翻译教学模式中,教师通常处于相对的权威地位。因此,我们常常可以看到教师在讲台上一板一眼地讲,学生在台下不停地记笔记,这也是一种"填鸭式"的教学方法。而"以学生为中心"的教学模式则要求实现教师角色的转变,也就是要将教师角色由"主演"转变为"导演",从而更好地引导、辅助学生学习翻译;将学生转换为主演,掌握翻译知识并付诸实践。

2. 教师和学生融洽合作,教学突出实践

与"以教师为中心"的传统翻译教学模式不同,"以学生为中心"的翻译教学模式强调翻译教学过程中学生的主体性。认知理论认为,教学不是知识的"传递",而是学生积极主动的"获得"。在"以学生为中心"的翻译教学模式中,在课堂上,教师与学生应建立积极的合作关系。

实行"以学生为中心"的教学模式并不代表教师失去权威性,仍要以教师作为课堂活动的引导者,采用多种途径突出学生的中心地位。传统的教学法一般是"以教师为中心"的教学方式,这种教学方式通常将改错作为教学手段,将教师提供的参考译文作为翻译课的终极目标,不

符合真实情况下翻译的本质,在一定程度上扼杀了学生学习翻译的主动性与创造性。可见,传统的翻译教学方式由于过分依赖教师的主导地位,从而在很大程度上忽视了学生的主体地位,也就很难激发学生的学习积极性。在课堂上学生没有回答问题的机会,教师也很难了解学生的真实需求。

"以学生为中心"的翻译教学模式,首先就是让学生在"译"中学习技能。同时,翻译是一门理论与实践相结合的课程,王鸣妹在论文《如何改进英语翻译教学》中提出了"好的理论以实践中获得的材料为依据,好的实践又以严谨推断出来的理论为指导"的观点。她认为学生在学习英语翻译的过程中要以理论为基础指导,通过进行大量的实践练习和与参考译文对比来使他们更好地掌握所学的翻译技巧,从而进一步提高翻译能力[1]。

正如黄青云在其论文《翻译观念与教学模式也应"与时俱进"》中所说的一样,新的现代教学理念认为,在翻译课上,应先鼓励学生去译,在"译"中学习。[2] 也正是因为学生在译的过程中,需要综合运用原有的知识经验,查阅工具书及其他相关资料,所以学生可以从新的角度去思考已学过的内容,并有时间去理解这些理论和翻译技巧或方法,最终达到掌握相应知识和积累经验的目的。

---

[1] 王鸣妹.如何改进英语翻译教学[J].太原城市职业技术学院学报,2006(2):100-101.

[2] 黄青云.翻译观念与教学模式也应"与时俱进"[J].周口师范学院学报,2007(1):147-149.

3. 共同参与评价

"以学生为中心"的教学模式要求改变传统的以教师为主体的评价方式，并要实现评价主体多元化，选择学生间、师生间自评和互评相结合的多层面评价方式。至于如何将评价权充分赋予学生，则应通过以下几个步骤来实现：①教师应先将学生分成若干个小组。②在完成一种翻译方法或技巧的详解和示例后，教师应给学生布置课前选定的相应翻译练习。③学生完成练习之后，可以考虑进行小组讨论进而评选出能够获得小组成员共同认可的译文。④教师检查完各小组译文之后，应对其分别加以评价，并指出这些译文中翻译较好的部分和不妥之处。⑤教师还应为学生提供参考译文，并鼓励学生指出其中可能存在的不足之处，进而达到师生共同探讨某种译法的效果。

4. 重视学生独立翻译能力的培养

"以学生为中心"的翻译教学模式旨在培养学生独立的翻译能力，而不是只教学生学会翻译某些句子或文章。这种教学模式重视翻译过程，旨在通过教师的指导，帮助学生学会如何理解原文，并且通过恰当的技巧来表达自己的译文。此外，为了树立学生的自信心，教师必须对学生的作业持积极、肯定的态度。

（三）教学活动安排

1. 推荐阅读书单

由于翻译是一项实践性较强的活动，所以在翻译教学的所有阶段都必须重视实践练习环节。翻译课程安排应以实践活动为主线，但也要重视理论指导实践的重要作用。应当清楚的是,如果离开了科学的理论指导,也就没有办法采取高效的实践活动。因此,为了帮助学生在较短的时间内掌握科学的翻译理论知识,教师推荐阅读书单是一个很好的办法。教师可为学生推荐如《翻译简史》《翻译理论与技巧》《中英文化习俗比较》等书籍,学生可以通过这种方式学会用普遍的原理来处理个别的实例,之后再经教师的指导,学生就可以将实例与理论结合,做到真正的融会贯通。

2. 多进行笔译、口译练习,消除文化障碍

学习口、笔译的学生要具备坚实的双语素养、丰富的文化知识,学会运用翻译策略。特别是对于口译学习者,许多口译初学者在翻译过程中出现错译或误译,并非他们的语言能力欠缺,而是他们遇到了无法解决的文化障碍。因此,只有不断进行翻译实践,才能消除可能出现的文化障碍。

3. 采用多媒体教学手段

由于语言运用是一种多感官的体验,所以很有必要采用现有的多媒体技术进行英语翻译教学。目前,很多学术研讨会、记者招待会或者国际之间的互访宴会等都会进行同声翻译录像,在翻译教学中就可以利用这些录像来创造模拟的现场效果,从而进行英汉或其他语言的互译实践。

(四) 局限性

"以学生为中心"的翻译教学模式并不是一种十全十美的教学模式,它同样也存在局限性。

（1）如果同一组学生在一起讨论问题的时间过长，一些学生的精力就会逐渐分散，有时候他们会偏离教学话题，忘记了正在进行的问题。

（2）这种方式会助长部分学生的惰性，特别是那些经常处于中下游水平的学生。他们会依赖小组成员而不去独立思考，他们常常只会等待其他人来回答，也就是说会出现"窃取他人成果"的现象。

（3）这种教学模式会让部分学生感到困惑，尤其是那些处理语言解码和语言编码能力较差的学生，这种教学方式会使他们对自己的翻译能力感到自卑。

二、翻译教学中跨文化意识的培养

（一）跨文化意识的概念

跨文化交际指的是不同民族文化之间的交流与对话。随着经济全球化进程不断加快，世界各国之间的跨文化交流也越来越频繁，在这个过程中，语言就成了他们进行交流所必需的工具。由于语言和文化的关系通常是密不可分的，而语言又是文化的重要组成部分和突出表现形式，因此可以说语言就是文化的载体。反过来，各民族的不同文化又深深根植于不同的语言之中，人类的文化交流有着悠久的历史，不同的文化之间进行交流（跨文化交流）就必须通过翻译来实现。如果没有翻译，跨文化交流也就不可能实现。作为跨文化交流的桥梁，翻译在信息传递的过程中起着非常重要的衔接作用，这也就充分展现了翻译人员的重要性。

跨文化意识作为跨文化交际研究的重要内容之一，是指外语学习者在跨文化交际中所特有的思维方式、判断能力以及对交际过程中不同文化因素的敏感性。在交际过程中，参与者具备这种意识就会受到启发和指导，而不受文化差异的负面影响。在无具体交际事务时，它仍然能够对学习者的学习和思考起着引导作用。

虽然翻译人员非常重要，但是如果译员对语言所承载的文化不甚了解，也就不能准确无误地表达出原句所要表达的意思。因此，多数的译者会在跨文化的交际中促使自己自觉或不自觉地形成一种认知标准和调节方法，即形成一种跨文化意识。也就是说，跨文化意识是译者所特有的判断能力、思维方式以及在交际过程中对文化因素的敏感性的综合。

（二）在翻译教学中培养学生跨文化意识的方法

为培养学生的跨文化意识，教师应在训练学生掌握语言基本功的同时，帮助他们熟悉交际文化因素，并使其能够深入了解和掌握文化知识的内容。通常在翻译教学中会采用以下几种策略来处理翻译中的文化因素。

1. 重视文化知识教学

教师在进行翻译教学时，不应该忽略文化知识的教学，要注意语言和文化知识的结合。课程结束时，教师要对语言知识和文化知识进行归纳小结，使学生的语言文化知识系统化。尤其应该注意的是，在期中和期末考试的试题编写中，文化知识的考核应占有相当的比例。

2. 灵活运用教学手段

在进行英语翻译教学时，教师要灵活运用多种教学手段。在教学结束后，还要组织学生进行讨论。例如，教师可以组织学生观看纪录片，在观看纪录片的时候应提醒学生，注意片中西方人日常生活的情景。比如，餐馆服务员和顾客的对话、打电话时的习惯用语、大街上相遇时的交谈等。观看之后，教师可以和学生交流感受，并通过追忆影片片段，相互提醒，补充片中的对白、旁白、独白等。这样的教学方式对学生获取基本的交际文化知识十分有效。

3.提高学生的阅读量

教师应根据各年级学生的英语学习程度，在教学中有选择性地、适当地引入英语国家出版的涉及国家文化的书籍、报纸、杂志等，并将其作为学生的阅读材料，以此扩大他们文化知识的宽度、广度，增加他们对英语国家文化知识的了解程度。教师也可以通过布置学生阅读短篇故事或剧本的方式，要求他们记下其中有意义的文化细节等。事实上，在西方国家，以现实生活为题材的小说、剧本等材料中都包含了大量西方文化方面的内容，对于学生提高其对西方国家文化的了解很有帮助。同时，提倡学生阅读有关历史学、人类学及社会学方面的书籍，不仅可以帮助学生了解体现其他国家文化的具体实例，而且还能使其掌握一些与文化有关的概念和指导原则。而通常情况下，概念与指导原则往往比实例更为重要，因为他们会给学生提供一个合理的结构，借助这个结构，学生可以更加细致、深入地对本国及别国的文化进行仔细考察。这样一来，学生也就可以用一种比较灵活的态度来对待这些文化差异，也就不会固执地按本族文化的模式看待其他文化。除此之外，一些跨文化交际学方面的书籍还可以帮助学生提高对文化差异的理解与认识,这方面的书籍有《跨文化交际学概论》(胡文仲)、《超越语言》(鲁枢元)、《中英(英语国家)文化习俗比较》(杜学增)、《英语习语与英美文化》(平洪、张国扬)、《跨文化非语言交际》(毕继万)、《从翻译史看文化差异》(王克非)等。

4. 合理运用外籍人士资源

合理运用外籍人士资源是指外籍教师作为短期讲师给学生授课,或定期请外教、外国专家做相关文化的专题或系列讲座。例如,有些学校常常会举办一些与价值观念、思维模式、西方文化有关的报告或讲座。这些讲座活动大都案例新颖、生动幽默、趣味盎然,在学生中广受欢迎。同时,也因为这一做法投资相对少、效果佳,现在已经被证实非常适合我国现阶段大部分高校。除此之外,大多数学校都十分鼓励学生与母语是英语的外国人进行交流,有助于学生学到地道的外国文化。

5. 将教学内容融入相关的文化知识之中

在教学中,教师应结合具体情境将教学内容融入相关的文化知识之中,教师可以利用课前几分钟,讲解英、美国家的有关知识,特别是文化差异方面的知识。例如,到了4月1日,教师可以先给学生介绍西方愚人节的相关知识,同时也要告诉他们过节日的目的是彼此开心而不是恶作剧。在介绍感恩节之前,教师可引导学生将自己了解到的感恩节习俗与中国的中秋节进行对比,然后也要指出,尽管我们国家没有感恩节,但是我们也要对父母、朋友心存感恩。在师生的热烈交流中，学生得以了解更多的西方文化，并运用到学习实践中。

由于培养学生跨文化意识的方法多种多样，不同的施教者所采用的方法也不尽相同，所以取得的效果也存在着差别。长期以来，国内外研究者对培养跨文化意识的有效方法的探讨一直没有停止过。相信随着跨文化交际学、人类学、社会学、社会心理学等学科的发展，人们会探索出越来越好的培养跨文化意识的方法。

第六章　英语专业翻译教学的创新

第一节　英语翻译教学方式的改进与转变

社会已进入以信息科学为先导的信息社会。挖掘和开发信息技术应用于现代教育教学是时代发展的必然要求。著名科学家钱学森对未来教育做了如此描述：未来教育＝人脑＋电脑＋网络。而信息技术因为把文字、声音、图像、视频等有机结合起来，使信息得到更完美地表达，给课堂教学带来了无限的生机与活力，它使当今的教学手段、教学方法、教学观念、教学形式、教学结构，以及教育思想与教学理论都发生了变革，同时也引起了学习方式的重大变革。那么，作为英语教育工作者，探究信息技术的优越性，信息技术在英语教学中的应用，以及学生在信息技术教育条件下，英语学习方式究竟发生了什么样的变化就显得尤为重要。

一、信息技术应用于英语教学的优势

（一）渲染课堂气氛，激发学生的语言学习兴趣

瑞士儿童心理学家皮亚杰说过："所有智力方面的工作都要依赖兴趣。"[①]儿童的学习兴趣对激发和巩固他们的学习动机，提高他们的学习积极性起决定性作用，一旦激发了儿童的学习兴趣，就能唤起他们的探索精神、求知欲望。儿童活泼好动，好奇心强，易于接受新事物。幽雅动听的音乐、鲜艳夺目的色彩、五彩斑斓的图画都能吸引他们的注意力，激发他们的语言表达兴趣。计算机多媒体正好可以提供这种生动、形象、直观、感染力与渗透力极强的教育资料。例如，课前3分钟播放英语影视短片，用富有吸引力的画面及纯正的英语吸引学生，使之成为每个学生的"开心一刻"。由于学生喜欢看影视短片，对其中的人物对话、生活场景及隐含的文化因素都比较感兴趣，从而在无形中锻炼了语言能力。

（二）模仿真实的语言环境，搭建口语交际平台

在现代英语教学中，最为显著的特点之一就是高度的实践性，这是由语言的社会功能所决定的。英语对中国学生来说，有一定难度，其主要原因有缺乏良好的语言环境，缺乏英语原材料等。为了提高学生的交际能力，就要给学生提供能进行言语实践活动的自然情景和教学情景。传统教学无法营造真实的语言环境，但多媒体可以提供声音、画面、人物、情景，使学生置身语言环境之中，产生一种需要运用英语的激情，学生

---

① 皮亚杰.教育科学与儿童心理学[M].北京：文化教育出版社,1982.

从一开始被动地接受信息转变为积极地参与语言交流,从而改变以教师为中心的传统教学模式,为学生的口语交际提供展示平台。

例如,在教"do shopping"时,通过多媒体显示水果商店,模拟购物场景。在此基础上,显示多个专营商店,出售特色商品,学生根据自己的意愿选择商店,教师用鼠标点击,多媒体显示该商店情景,营造商业氛围,学生、教师充当买卖双方,进行口语交际。这种师生互动、生生互动充分体现了学生的主体性,效果极佳。学生能从多媒体网络中寻找生活中的情景对话,真正做到运用媒体寻找信息,利用信息资源自发研究。

(三)运用网络教学手段,发挥学生的特长

在教学过程中,我们常常发现:有些学生记忆较差,但爱好音乐,唱英语歌曲颇为拿手;有些学生单词不熟练,但英语书法较为擅长;有些学生不愿回答问题,但极爱朗读课文。根据学生的这些情况,可组织丰富的第二课堂活动,如"英文歌曲排行榜""英语朗诵比赛""书法展览""英语墙报展示"等,给他们提供展现才能的机会,发展学生的智力,学生在不同形式的英语训练中的成功表现,可以使他们重新认识自己,消除自卑心理,增强他们学好英语的信心。计算机辅助教学给英语课堂教学改革注入新鲜血液,把传统的注重认知、灌输且封闭的英语课堂教学模式转变为在课堂上培养学生听、说、读、写四种能力并举的教学模式。在现代英语课堂上大容量、高密度、快节奏的课堂教学使得学生在听、说、读、写四方面的综合能力得到强化,学生英语交际能力

得到培养，学生主体性得到更大发挥。学生在积极参与、口脑并用的过程中更能主动求发展，体现个人魅力。

在英语课堂教学中，多媒体辅助教学为我们的英语课堂教学改革提供了条件，注入了活力。使用多媒体教学系统能把英语学习的情景设计得生动活泼，富有创意，能将学生置身一定的语言环境中去领悟语言，操练语言，运用语言。多媒体教学图、文、声、像并茂，形式活泼，学生在英语学习的过程中，各种感官受到刺激，更有利于他们语言能力的提高。同时多媒体教学可以充分发挥教师的主导作用，发挥学生的主体性和创造性，从而引导学生进行量多而质优的听、说、读、写综合训练，使学生在课堂上获得英语基础知识的同时，语言基本技能也得到训练，提高学生直接使用英语思维去思考和表达的能力，为实现学生用英语进行交际打下坚实牢固的基础。

基础教育改革提出，要转变学生的学习方式，建立以"主动参与，乐于探索、交流与合作"为特征的学习方式。计算机网络、数字化多媒体语音室等一些现代教育技术在英语教学中的广泛应用，无疑弥补了传统语言教学中的许多不足，丰富了英语课堂教学的模式和结构，同时也为改变学生的英语学习方式，实现趣味学习、自主学习、协作学习和探究学习提供了可能。

（四）提供鲜明生动的语言环境，实现趣味学习

我们在平时学习英语单词时，往往是英汉语对照学习，时间长了，学生便形成一种思维定式，那就是无论单词还是句子先用汉语思维译为

汉语，再把它译成英语，这样既浪费时间，又不利于学习地道的英语，容易出现像"I by bike go to school"之类的中式英语。利用多媒体课件可让学生的思维在声音、视觉的冲击下直接使用英语思维，并且提高学生的学习兴趣，学生可在多种感官的协同配合下进行大容量的学习。如在教"小孩"这个词的英文时，在图片上打出单词"a child""a kid"及其复数形式"children""kids"，并根据动画图片提问："What is the child doing? What are the kids doing? What do the children like doing? What do the kids like doing?"通过运用大量图片进行练习，使学生对这些单词了解得更透彻，更敢于开口。利用多媒体课件也有利于课文的整体教学和主题的深化。如在学了 The story of Xi Wang 一文后，可让学生从一幅幅生活图片中总结"What can we do to protect pandas？"及"How to protect the environment？"，引导学生从正反两方面讨论哪些行为是在破坏环境，哪些行为是在保护环境。教师根据学生所讨论到的行为的次序，点击弹出文字及声音，帮助他们进行语言的学习，最后进行正反两方面行为的总结。由于图片较全面，学生对环保也熟悉，贴近生活的多彩图片充分调动了他们的兴趣。他们积极思考，全面总结，总结出的行为大大超出了课本的提示之后，再借助社会学科常用的方法，通过几幅漫画，让学生回答：目前环保中最严重的问题是什么？学生通过讨论得出答案：人们缺乏对相关重要事件的认识。以此来引导学生深化主题，最后大家达成共识："If everyone can protect the environment, the world will become much more beautiful."这正是语言目标之外的德育目标。除此之外，也可表扬具有良好环保意识的学生，这对做得不够好的学生也是一种鞭策。

在学习英语的过程中，学生会遇到许多由于缺乏背景知识或由于中西方文化的不同而产生的"文化休克"现象。了解文化差异，增强跨文化意识，无论对培养学生的人格，还是提高学生的语言实践能力都是有好处的。但异国文化全部靠老师讲解显然是不够的。在教会学生如何上网查找资料后，鼓励学生主动去获取需要的知识。例如，他们通过网络可以了解有关圣诞节、复活节、愚人节、感恩节等节日的资料，这不仅可以帮助他们理解课文，而且在某些方面还弥补了老师的短板。因此，封堵学生的上网行为是不妥的，关键是引导他们把网络作为有利的工具去运用，从而养成良好的学习习惯。

（五）提供丰富的课程资源，使学生学会自主学习

在教学设计中，应该鼓励学生大胆使用英语，并为学生提供自主学习和互相交流的机会以及充分表现自我的空间；鼓励学生通过体验、实践、讨论、合作、探究等方式，发展听、说、读、写的综合语言技能；创造条件让学生能够探究他们自己感兴趣的问题并自主解决问题。

学生充分利用信息技术带来的广泛的课程资源可以弥补教材和课堂学习的不足。学生还可以根据自己的兴趣或薄弱点，选择性地进行学习，如非可以有的放矢地利用教学软件进行查漏补缺（通过对某一段反复播放），或大胆利用网络环境锻炼口语。

(六) 培养学生的合作精神，使学生在协作氛围中学习英语

英语学科涉及内容较为广泛，如社会、经济、科学、历史、文化等多方面的内容，而一个人的知识与能力是有限的。因此，在英语学习中开展协作学习是非常必要的，而多媒体计算机网络为实现协作学习提供了环境基础，学生可以突破时空限制，围绕共同的学习任务，开展协作式学习。

例如，在教授关于"气温"的内容时，不同的地方气温相差很多，学生对此话题很感兴趣，但对此类信息缺乏系统的了解，因此可以让班上的学生自由组成几个合作学习小组，上网查找天气方面的资料，并利用网络资源，进行资料收集、整理、分类。学生在协作学习中既分工又合作、既独立思考又相互交流，有利于教学目标的实现。

(七) 培养学生的创新精神，使学生在探究中学习英语

创新能力和信息实践能力是信息社会新型人才必备的基本素质。在原有的教育教学条件下，许多学生的学习偏重于机械记忆和简单应用，往往是被动地接受教师的知识传输。这种学习方式不利于学生创新精神和实践能力的培养。例如，英语教材中有些内容涉及自然现象，内容很抽象，学生一时难以理解，只靠教师口头讲解效果不佳。用多媒体制作示意图辅助理解不仅可以加深学生对课本知识的理解，也培养了学生主动求知和独立思考的习惯。多媒体技术特别适合学生进行"自主发现，自主探索"式学习，这恰好为学生创新思维的发展和实践能力的培养营

造了理想的环境。总之,信息技术运用于英语教学,使课程结构复合化、多样化、信息化,这就是新课程标准的课程结构创新点。信息技术的运用,优化了教学过程,增强了学生的自主学习意识,可帮助学生更好地走进社会、体验社会、关注社会、服务社会。

二、英语教学法的特点

英语教学历来都是教育学科的热点,因为普及面广,学习英语的人数多,对英语教师的要求也越来越高。培养学生动手操作和实际运用的能力是英语教师面临的难题。采用先进的教学方法对英语教师教学能力的提高起着举足轻重的作用。英语是一门基础课程,主要培养学生的英语理论知识和实际操作能力。实际操作能力也是一种应用能力,是学生在实践中必须掌握的一种技能,而这种技能在工作中起着不可替代的作用。在英语教学中,要想让学生掌握实用的技能,教学方法显得尤为重要。

(一)与时俱进

英语这门学科的内容是不断更新的。英语学习的内容基本以英美文章为主,而这些文章主要来自报刊,大都是最新的文章,因此可以指导学生从学习报刊里的简单词汇开始,逐步深入学习比较难的词汇。正因为英语学习的内容每天都在变,因此要求英语课堂教学应传授最新的、最及时的内容。与时俱进是英语教学法最显著的特点。但目前我国的英语教材还没有完全做到与时俱进,这就需要英语教师认真细致地研究教材,多查阅国内外书籍、报刊,收集国内外最新科研成果,开阔教师视野,并有取舍地用于课堂教学，拓展学生的思维空间，并在课堂上传授给学生尽可能多的最新的英语知识，包括英语词汇知识、英语背景知识、英语文化知识。英语教学法的这种特性，对英语教师也提出了更高的要求，教师不仅要抓住时代脉搏，还要掌握最新的消息。

（二）发展性

要想适应国际化的需要，让更多的人了解中国，对语言的掌握是必不可少的。语言是了解一切文化和文明的桥梁，要让全世界更好、更深入地了解中国，只有将中国的古老文明与现代文明用多种语言进行不断宣传。目前，英语是世界上使用最广泛的语言之一。对于中国学生的英语教学，应该从小抓起，因为随着目前全球化的变革，英语成为了一种技能，而这种技能的培养应该从小抓起。因为学习任何一门语言，都是越早越好，中国可能没有良好的英语语言环境，所以从小培养孩子的英语技能，就变得尤为重要。孩子正处在生长期，对于知识的掌握速度要比成人快，记忆久，尽早培养有利于他们以后对英语的深入学习。引导孩子学习英语，不能仅停留在做题、读懂课文阶段，而是应从听、说、读、写四个方面全面发展，才能真正培养他们的英语技能。

（三）实用性

英语具有很强的实用性，尽管大多数人学习英语并不是为了应用，但也不能抹杀英语的这种特性。英语是应用性最强的一门学科。在进行英语教学时，要改变过去那种单纯为教语言而教语言的做法，而是要把知识的传授和语言技能的训练有机结合起来，最终使学生既学习了语言知识又提高了英语水平。以学游泳为例，我们学游泳是为了阅读有关游泳的书籍，还是为了能在游泳池里实践？答案是众人皆知的。同样，在语言教学中，学生也应像学游泳那样，充分接触真实的语言材料，参与真实的语言交流活动。英语教学要讲授实用性知识，如书信、招聘文等英语应用文。英语的实用性特点决定了在英语教学中要在众多材料中寻找切实可行的适合教学用的东西，然后由教师组织起来，引导学生学习。

三、如何在英语翻译课堂上落实自主、探究式学习

（一）教师角色的转变

教师应成为学生学习的组织者、引导者、参与者、合作者和促进者。教师的主要任务是加强学法指导，培养学生自主学习、自主探究的能力，让学生养成自主学习、自主探究的习惯。例如，在学习新课时，教师不再教授学生新单词和新词组，而是让他们根据导学案的引导，自主阅读课文，根据上下文推测词汇含义，完成学习。

（二）学生角色的转变

学生应变"学习的被动者"为"学习的主动者"，变"教师要我学"为"我要学"，变"我怕学"为"我能学"。学生不再是被动地接受知识，而是应该学会学习、学会反思，真正成为学习的主体。在课堂上，不再是老师提问题，学生回答，而是学生自己组织问题，相互回答。

(三) 课堂作用的转变

原来的课堂是老师讲，学生听、记、回答，并且学生不能挑战老师的地位，这样就严重扼杀了学生的创新能力。我们的课堂应成为学生自主发展的主阵地，而不是老师唱"主角戏"的舞台。

(四) 师生关系的转变

师生之间的关系应为平等、民主、和谐的关系，并且教师不应是课堂的"权威"和"操纵者"，而是学生学习的指导者，适当的时候可以成为"参与者"，成为学生中的一员。老师可以参加学生的游戏，也可以就某一个问题和学生进行激烈的辩论。

(五) 生生关系的转变

学生之间不应只是竞争对手，他们之间应成为关系融洽的合作者，并且相互学习，相互帮助，相互进步，这样才能形成一个幸福、和谐的集体。

(六) 评价机制的转变

在评价机制中，教师应该转变原来以成绩定优劣的单一评价机制，采用多元评价机制，如自我评价、学生互评、教师点评。

(七) 学习形式的转变

我们的英语教学不能只受限于课堂，要把它延伸到课外，开展形式多样的活动，为学生创造更多的学习英语的机会，挖掘学生的英语学习潜能及创新潜能。例如，让学生自由用英语交流；每月举行一次英语朗诵比赛或演讲比赛。"授人以鱼，只供一饭之需；授人以渔，终身受用不尽。"学生只有拿到开启学习和创造之门的钥匙，才能获得可持续发展的潜力，才能真正自由地进入学习和创造的殿堂。因此，培养学生的自主学习、自主探究的能力应是当前教育工作的重点。

第二节 英语翻译教学中导入跨文化因素

一、跨文化教育在英语翻译教学中的需求

在目前经济全球化的时代背景下，客观上要求现代的英语教学应加快从早期的纯语言技能教育向综合素质教育的转变。可以通过深入学习、了解与自己生活习惯、思维定式全然不同的异国文化，扩大自己的视野，在与异国文化的比较中深入地认识自己，提升自己。因此，大学英语教学在尊重不同文化的前提下，很有必要为促进不同文化间的相互了解、相互借鉴，有目的、有计划地实施跨文化教育。教学中培养学生的跨文化意识是英语教学的一项艰巨任务，也是时代的需要。教师在英语教学中不能只单纯注意语言教学，而应根据学生的年龄特点和认知能力，注重英语国家文化背景知识的教学，逐步扩展跨文化知识的内容和范围，加强语言的文化导入，重视语言文化差异对语言的影响。只有这

样,才能引导学生在实际中正确运用语言。因此,教师要不断提高自身的业务水平,扩大知识面,当好主导,把握新的机遇,迎接新的挑战,为培养适应21世纪的人才而努力。跨文化教育的必要性体现在以下几个方面:

(一) 大学生语言学习能力的需要

脱离文化背景去理解一种语言既是不现实的,也是不可能的。当今社会,各种不同文化、不同社会背景的人的交往首先是通过语言交流实现的。不理解交际双方在语言知识、文化背景知识方面存在的差异,在跨文化交际过程中因文化差异导致的误解就在所难免。因此,学习语言必须学习相应的文化。学习外语也得了解相应的文化传统。因此,作为高校英语教育工作者,必须正确理解和处理语言与文化的丰富内涵,在英语教学中不能只单纯注重语言教学,而必须加强语言的文化导入,要引进跨文化交际学的理论和方法,帮助学生理解目的语文化以及相关的交际期待,不仅要让学生掌握正确的语言形式,还应该重视语言运用是否恰当得体。

语言能够推动社会的进步与发展。语言是人类在长期的劳动和文化创造活动中产生的,在其产生、发展和变化过程中,必然会受到本民族文化的制约和影响。在外语教学中,教师不能仅从本国文化的心理去考察语言差异,而应兼顾不同文化背景的人们在信仰、价值观、时间观、行为准则、交往规范及认知模式等方面的差异以及目的语语言系统和交际原则,并且在传授必要的语言文化知识的基础上,进行文化差异方面的比较,注意词语的文化内涵、句法功能和搭配关系的异同。这是了解中西方思维差异在文化及语言中的表现的有效途径。重视语言的文化差异,进而自觉培养一种文化洞察力,这不仅是实施交际教学的要求,同时也是进行跨文化教育和国际交流的迫切需要。

(二)大学生社会性发展的需要

受到经济发展、网络技术等因素的影响,我国青年的社交对象更为广泛,社交方式更为多样。通过跨文化教育培养学生的跨文化交际能力,提高他们的合作意识和能力,有利于他们认识不同文化背景的人,并为世界的发展、社会的进步做出自己的贡献。因此,跨文化教育与当前青年学生实现社会化的目标相吻合。

(三)教育国际化发展趋势的需要

跨文化教育在高等教育发展中是一种新趋势。它有助于我们学习国外的先进教育理念和教学方法,理性看待中国高等教育,将本土经验与国际经验相交融,促进我国高等教育的深入发展。

二、如何在英语翻译教学中进行跨文化教育

在实施文化教学过程中,教师的作用是至关重要的。如果要想让文化教学取得效果和进展,教师应从以下几方面开展工作。

(一)充分挖掘现有课程的文化因素

在现有的英语课程设置中,贯彻实施文化教学最可行的一条途径就

是充分利用、挖掘各个课程中的文化因素,把文化教学真正落到实处。以精读课、听力为例。精读课以培养学生的综合语言应用能力为目标,进而从选取的材料中获得丰富的文化信息,如教育方式、家庭关系、价值观念、文化、传统等。听力课程也蕴含着丰富的文化内容,许多功能对话包含了日常生活中的方方面面,如问候、看病、度假、聚会、打电话等,这些对话本身就为进行得体的交际提供了很好的典范,而且通过一些真实的社交语境,学生可以很容易掌握一些词的文化内涵和寓意。

(二) 利用原汁原味的语言材料,获取更多的文化信息

鼓励引导学生多接触英美原版的东西,如报刊、电影等,从中领略英美国家的风土人情,体会英美文化与汉语言文化的差异。可以推荐给学生的杂志有《经济学人》(*The Economist*)、《美国国家地理》(*National Geographic*)等,这些杂志都紧跟时代步伐,内容新颖,涉及面广,最主要的是内容难度适宜,深受学生,特别是学有余力的学生的喜爱。

总之,学生英语能力的培养和水平的提高不是一件轻松的事,它需要教师和学生双方不断地努力。

第三节　跨文化背景下英语专业翻译教学的发展策略

一、以教师为中心转变为以学生为中心

教师不再是课堂的中心，教师要认识到自己角色的转换，单纯的以教师为中心的"满堂灌"的做法已经不适应时代的要求。无论是备课还是授课，教师首先应该考虑学生的智力水平、心理发展水平、语言水平、兴趣以及情感需求。并且教师不应只考虑某节课或某个阶段自己要完成的教学内容及教学计划，而应考虑如何激发学生的学习兴趣和热情，如何培养学生自主学习的能力，从而为学生终身学习打下良好的基础。此外，教师还要以学生为中心考虑问题，在设计教学内容和活动时要考虑学生是否愿意做，是否能做以及如何做的问题。这显然对教师提出了相当高的要求，只有教师的观念改变了，才能够真正做到以人为本。

二、以知识掌握为中心转变为以能力培养为中心

在培养基本的听、说、读、写技能基础上，把能力的培养放在重要位置。以培养学生的能力为中心。这种能力包括两方面的含义：一是综合运用语言知识的能力，二是运用相应的学习策略进行自主学习的能力。因此，从综合运用语言知识的能力方面来说，教师要避免培养出英语成绩很好

却张不开嘴的高分低能的学生,教师不能总是把分数当成唯一的衡量标准,不能只顾将知识、技能教给学生,应该将自己的注意力转向培养学生综合运用语言的能力上来。从学习能力的培养上来说,教师应该意识到"授人以鱼,不如授之以渔"的道理及其重要性。只要学生的学习能力、研究能力提高了,知识技能的掌握就不再是一个大问题。这样学生就有能力自己获取知识。相反,教师将知识技能教给学生而不注意培养他们自主学习的能力,那么一旦学生不再接受训练,他们已有的知识、技能将很可能发生退化。

三、教师传授知识转变为学生自主探究知识

教师要转变教学观念,让学生自主发现、了解英语语言规律。学生在探究知识的过程中体验到了成就感、自信心,与人合作交流的动力就会大增,探究到的知识也将更牢固。

四、丰富教师相关学科理论基础知识

英语教学绝不仅仅涉及语言学习理论,它还涉及其他几门相关学科,如心理学、教育学、心理语言学、社会语言学等。例如,教师了解一些心理学的知识有助于提高他们了解、分析当代大学生心理特点的能力,并能根据学生不同的学习风格、心理特点和需求设计出不同的课堂教学方式,从而使语言教学与学生的心理发展相契合。

作为一名英语教师,仅具备本专业的知识是不够的,英语毕竟是一门语言,语言是文化的载体,它是用来传递信息的,因此英语教师需要

有较广博的跨学科知识。

在英语教学过程中，要加强跨文化知识的教学。在教学中把语言学习同文化学习结合起来，我们学习语言的最终目的是交际，交际是在一定的文化背景下进行的。如何在语言交流的同时兼顾文化的导入，还需要我们在教学中不断探索和创新，从而科学地实施跨文化教学。

参考文献

[1] 代丽英. 人工智能背景下英语翻译专业笔译教学策略探究[J]. 河北软件职业技术学院学报, 2022, 24（2）: 53-56.

[2] 王珍, 何剑波. 翻译工作坊教学模式在高校英语专业翻译教学中的应用[J]. 林区教学, 2022（2）: 83-86.

[3] 崔馨文. 翻译语料库在高校英语专业翻译课程教学中的应用策略研究[J]. 大学, 2022（2）: 81-84.

[4] 魏维, 高竹韵. 基于交互式教学模式的高校英语专业学生翻译能力培养[J]. 重庆电子工程职业学院学报, 2021, 30（6）: 129-132.

[5] 赵海娟. 应用技术型地方高校英语专业同伴互评教学模式探究——以翻译教学为例[J]. 福建技术师范学院学报, 2021, 39（6）: 654-660.

[6] 黄嘉钰. "一带一路"背景下高校英语专业文学翻译课程教学的改革路径[J]. 海外英语, 2021（13）: 28-29.

[7] 刘积慧. 高校英语专业纯线上口译课程满意度分析[J]. 中国多媒体与网络教学学报（上旬刊）, 2021（7）: 48-50.

[8] 杨卉. 过程教学法在农林高校英语专业翻译教学中的应用模式建构[J]. 湖北经济学院学报（人文社会科学版）, 2021, 18（5）: 145-148.

[9] 刘子敏. 高校英语专业翻译课程混合式教学模式研究[J]. 吉林农业

科技学院学报,2021,30(2):102-105.

[10]朱玉霞."一带一路"视域下甘肃高校英语翻译人才培养路径探析[J].兰州石化职业技术学院学报,2021,21(1):77-80.

[11]宋利华.当代高校大学生英语翻译教育教学实践[J].食品研究与开发,2021,42(4):236-237.

[12]张丽娟,方昉.高校英语教学中的翻译美育途径探幽[J].浙江工业大学学报(社会科学版),2020,19(4):470-474.

[13]毕赟慧,石美.课程思政与高校英语专业课教学融合的路径探索——以红河学院英语专业文化与翻译课程为例[J].教育教学论坛,2020(36):88-89.

[14]冯亚玲.认知语言视角下民办高校英语专业英译汉教学改革探索[J].牡丹江教育学院学报,2020(7):95-98.

[15]朱琳,张力.高校英语专业口译教学研究[J].科技风,2020(18):100+106.

[16]王岩.翻译工作坊在大学英语专业翻译教学中的应用[D].呼和浩特:内蒙古师范大学,2013.

[17]薄振杰.中国高校英语专业翻译教学研究[D].济南:山东大学,2011.

[18]孙利苹.非文学文体翻译及高校英语专业翻译教学的转向[D].济南:山东师范大学,2011.